유대인들은
원하는 것을
어떻게 얻는가

KB191863

유대인들은
원하는 것을
어떻게 얻는가

| 박기현 지음 |

소울메이트

소울 메이트   우리는 책이 독자를 위한 것임을 잊지 않는다.
우리는 독자의 꿈을 사랑하고,
그 꿈이 실현될 수 있는 도구를 세상에 내놓는다.

유대인들은 원하는 것을 어떻게 얻는가

초판 1쇄 발행 2012년 6월 15일 ┃ **초판 4쇄 발행** 2014년 12월 15일 ┃ **지은이** 박기현
펴낸곳 ㈜원앤원콘텐츠그룹 ┃ **펴낸이** 강현규 · 박종명 · 정영훈
책임편집 봉선미 ┃ **편집** 김나윤 · 이예은 · 최윤정 · 채지혜 · 김민정
디자인 윤지예 · 임혜영 · 홍경숙 ┃ **마케팅** 박성수 · 서은지 · 김서영
등록번호 제301-2006-001호 ┃ **등록일자** 2013년 5월 24일
주소 100-826 서울시 중구 다산로22길 10, 4층(신당동, 재덕빌딩) ┃ **전화** (02)2234-7117
팩스 (02)2234-1086 ┃ **홈페이지** www.1n1books.com ┃ **이메일** khg0109@1n1books.com
값 14,000원 ┃ **ISBN** 978-89-6060-242-7 03200

이 도서의 국립중앙도서관 출판시도서목록(CIP)은 e-CIP홈페이지(http://www.nl.go.kr/ecip)에서
이용하실 수 있습니다.(CIP제어번호 : CIP2012002525)

인생이란 것은
현인에게는 꿈이요, 어리석은 자에게는 게임이요,
부자에게는 희극이요, 가난한 자에게는 비극이다.

– 탈무드 –

유대인, 무엇이 그들을
특별한 민족으로 만들었는가

오늘날 전 세계의 유대인 인구는 1천400만 정도밖에 안 될 정도로 그 숫자가 미미하다. 많게 봐도 1천500만 명 정도에 불과하다. 그 가운데 440만 명이 조국인 이스라엘에 산다. 이스라엘에 살고 있는 나머지 인구는 유대인이 아니라 아랍인·동양인·유럽인·아메리카인 등이다. 그 밖의 유대인은 모두 전 세계에 흩어져 사는 것이다. 인구상으로는 이렇게 적은 숫자의 유대인들이 68억 명 지구촌의 정치·경제·사회·문화 각 분야에 막강한 힘을 발휘하고 있다.

유대인 출신의 유명인사들은 마르크스, 아인슈타인, 프로이트, 베르그송, 헨리 키신저, 피터 드러커나 조지 소로스 같은 인물들이다. 학맥과 경제계 인맥은 두말할 것도 없고 〈뉴스위크〉, AP, 〈뉴욕타임즈〉, 〈LA타임즈〉, 〈워싱턴 포스트〉, ABC, CBS, NBC 등 주요 언론의 창립에도 유대인들이 깊이 관여했다. 여기에 워너브라더스, MGM, 콜롬비아사 등을 창립한 이도 유대인들이고, 영화인으로는 스티븐 스필버그와 스탠리 큐브릭, 우디 알렌, 코엔 형제 등이 유대인이라고 알려져 있다. 일일이 이름을 대자면 끝이 없을 만큼 뛰어난 유대인들이 많은 것이다.

유대인들은 4, 5천 년의 전통을 그대로 지키며 살아가고 있다. 지금 우리에게 고조선의 8조 금법을 지키자고 주장한다면 설득될 이가 얼마나 될까? 도무지 낡고 낡아 쓸데라고는 없을 것 같은 전통과 조상의 율법, 여호와의 신앙을 붙잡고 지금도 그것을 목숨처럼 지키며 사는 사람들이 유대인들이다. 놀라운 것은 유대인들에게는 지켜야 할 토지도, 지켜줄 군대도 없었다는 점이다. 2천 년간이나 나라가 없었기 때문에 유대인들은 지켜야 할 것도 지킬 수 있는 것도 없었다. 그럼에도 그들은 전통과 문화를 지켜왔다. 학교 같은 교육기관도 없이 성경을 통해 자녀들에게 자신들이 유대인임을 가르쳐왔다.

그렇게 열악하고 부족한 현실 속에서도 그들은 굴하지 않고 좌절과 위기를 극복하며 승리를 거머쥐었다. 세계 노벨상 수상자의 30%를 장악하고, 〈포브스〉 집계 세계 경제의 상위 400위 억만장자 가운데 60명이 유대인이라는 놀라운 기적을 일구어냈다.

유대인은 '신행일치(信行一致)'와 '신경일치(神經一致)'라는 말로 그들의 언행을 정리할 수 있다. 신행일치는 믿음과 행동이 일치해야 한다는 뜻이고 신경일치라는 말은 곧 믿음과 경제가 일치한다는 뜻이다. 이는 유대인의 경제관념을 이야기할 때 핵심적인 정의로 받아들여지는 것이다. 이 말은 그만큼 유대인들이 신앙적으로도 투철하고, 경제적으로도 부유해 자급자족하며 잘사는 이들이 많다는 것을 의미한다.

그들은 신앙을 목숨처럼 여긴다. 그런 신앙적 정체성과 함께 근면 성실로 오늘의 부를 이루어냈다. 많은 시련과 고생을 이겨내고 지금의 위치에까지 이르렀기 때문에 그들은 돈도 신앙만큼이나 소중하게 여긴다. 신경일치라는 말은 이런 풍토 아래 생겨난 말이다.

탈무드에는 "부유함은 견고한 요새이고, 빈곤은 폐허와 같다"는 말이 있다. 유대인에게 신앙과 경제관념은 늘 하나였고, 그 양쪽을 철저히 관리해온 덕에 오늘날의 부를 이루어낸 것이다. 그들은 생명과 부(富)가 하나님에게서 온다는 것이 그들의 믿음이었기 때문에 신앙을 잘 지키고 재물을 잘 관리하면 부자로 살 수 있다고 생각한다. 그 결과 지금 세계의 부자들 가운데 상당수가 유대인인 기적(?)을 낳게 되었던 것이다.

우리는 경제적으로는 성장했지만, 정신적으로는 아직 미숙한 상태다. 유대인이 열심히 일해 안정감을 갖고 살아가는 데 비해 우리는 열심히 일하지만 여전히 살기 위한 몸부림치는 단계에서 벗어나지 못하고 있다. 이 차이는 무엇에서 연유한 것인가?

돈을 왜 벌어야 하며 우리는 무엇 때문에 살아가고 있는 것일까?

왜 좋은 대학에 가기 위해 학군까지 옮겨가며 과외열풍을 앓고 있는 것일까? 좋은 집을 사서 무엇을 어떻게 하겠다는 것일까? 마지막에는 결국 죽음에 이를 수밖에 없는 삶을 왜 이토록 목숨 걸고 달려가고 있는 것일까?

이제는 한국인의 집단 조급증에 유대인의 신경일치가 시사하는 바가 무엇인지를 고민해볼 때가 되지 않았나 싶다. 우리의 헛헛한 속을 채워가려는 노력 없이 선진국 진입을 외치는 것은 모래 위에 성을 세우는 헛수고가 되지 않을까 하는 것이 필자의 솔직한 걱정이다. 이 책을 통해 유대인들의 역사와 삶에서 그 교훈을 배울 수 있다면 천만다행한 일이겠다.

필자가 처음 유대인과 관련한 『탈무드로 배우는 인생경영법』이란 책을 펼쳐낼 때 부족한 점을 계속 보완해나가겠다고 약속드린 바 있다. 마침 출판사가 개정판 출간을 부탁해왔기에 각 장마다 좀더 이해하기 쉽도록 수정하고 보완했다. 또 내용을 주제별로 좀더 보강하고 주목할 부분들을 골라 다시 정리했다. 독자 여러분의 사랑을 기대하며 글을 시작한다.

박기현

CONTENTS

1

버림과 비움으로
큰 성공을 얻다

아브라함은 유대인에게도 전 세계 기독교인에게도 신앙의 출발점이다. 믿음의 아버지로 불리는 인물이기 때문이다. 그런데 그가 자신의 믿음을 지켜서 큰 부를 이뤄낸 대부호였다는 사실을 간과하는 이들이 많다. 아브라함은 여호와 신앙을 바탕으로 자신의 모든 기득권을 포기함으로써 성공을 거머쥔 인물이다. 그는 자신의 친지들이 살고, 소유의 근거지였던 우르 땅을 벗어나 1천600km 이상이나 떨어진 가나안 땅으로 이주했다. 또한 살아남기 위해 아내를 버렸고, 조카에게 모든 땅을 내어주었으며, 심지어 자신이 100세에 낳은 목숨보다 귀한 아들인 이삭조차 여호와의 명령에 따라 제물로 바치고자 했다.

아브라함은 자신이 연약한 인간의 존재임을 자각하고 전적으로 여호와 신에게 의지했다. 또한 아브라함은 여러 가지 어려움 속에서도 신앙을 잃지 않았고, 마침내 여호와 하나님의 깊은 신뢰와 은총을 받을 수 있었다. 버림의 미학으로 아브라함은 낯설고 척박한 가나안 땅에서 대성공을 거두었다. 유대인 부자의 첫 조상 아브라함의 성공을 믿음과 버림이라는 관점에서 살펴보기로 한다.

유대인의 출발점이자 종착역인 아브라함

아브라함은 유대인의 최고(最古) 조상이다. 대부분의 유대인들은 자신이 아브라함으로부터 나왔다고 생각하고, 족보도 아브라함에서부터 시작된다. 인류 최초의 시조 아담이 있지만, 유대인들은 아브라함에서 모든 것을 시작한다.

이슬람교도 아브라함에서부터 모든 것이 시작되었고, 기독교 역시 아브라함을 믿음의 조상으로 여긴다. 그러므로 지구상의 절대 다수가 아브라함을 자신의 선조라고 믿고, 그의 삶과 신앙을 본받으려 한다고 봐도 좋을 것이다.

아브라함은 여호와 하나님을 향한 믿음이 충만한 사람이었다. 여호와를 향한 믿음만큼 재력이 그를 뒷받침해주었다고 유대인은 생각한다. 즉 "믿음과 재력이 곧 힘"이라고 본 것이다. 물론 돈만 있다고 다 되는 것은 아니지만 유대인들은 돈이 있으면 가능한 일이 많다고 생각한다. 다만 사람들은 돈을 자기가 애써 번 것으로 생각하는 반면, 유대인들은 돈을 벌거나 지출하는 모든 것을 하나님이 관장하는 것으로 생각하는 차이점이 있다.

　재산은 돈만 밝히며 살아가는 세상 사람들에게는 아주 효과적이지만, 유대인들에게는 그렇지 못하다. 그들은 돈만으로는 천국을 소유할 수는 없다고 생각하기 때문이다. 내세와 부활을 믿는 그들은 재물은 기본이고 그것을 영원히 지킬 수 있는 신앙을 늘 전면에 내세웠다. 유대인들이 아브라함을 성공한 유대인의 대표적인 조상으로 꼽는 이유가 이것이다. 그러므로 아브라함의 삶을 살펴보면 유대인을 이해하고 그들의 삶의 자세를 알 수 있다.

최초의 히브리인은 아브라함

유대인은 히브리인이라고 불리기도 한다. 히브리인은 노아의 아들 가운데 셈계의 후손을 지칭한다고 말한다. 하지만 민족을 이야기하고 언어를 이야기할 때는 보통 히브리인이라고 불려왔다. '히브리'라는 말은 '건너온 자'라는 뜻으로, 최초의 히브리인은 아브라함이다. 그가 메소포타미아 평원에서 우르 땅을 떠나 유프라테스 강을 건너 가나안 땅으로 왔기 때문에 '건너온 자들'이라는 말로 히브리족이라는 말이 생겨난 것이다. 이후 야곱이 70명(요셉의 가족을 포함)의 가족을 이끌고 이집트로 갔을 때도 히브리인이라고 불렸고, 이집트를 탈출해 모세의 지도 아래 광야로 나왔을 때도 히브리인이라고 불렸다. 이처럼 원래는 '건너온 자'라는 뜻이었으나, 나중에는 외국인들이 유대인을 멸시할 때 '히브리족'이라고 쓰기 시작한 것으로 보인다. 이집트의 노예였던 유대인들이었기에 주변 중근동 지역 사람들이 그들을 지칭할 때 히브리 사람들이라고 불렀던 것이다. 유대인들이 자신들을 히브리인이라고 부른 것은 그로부터 한참 후인 기원전 6세기경이었다. 이 말은 주로 이스라엘 멸망 전의 이스라엘 민족을 가리키며, 이후로는 주로 유대인으로 불렸다. 유대인이라는 말은 야곱의 넷째 아들 유다 지파 사람, 유다지방 사람, 남 유다왕국의 사람들, 이스라엘 왕국의 사람들로 점점 확대 사용하면서 유대인이라고 부르게 된 것이다. 이와 같이 히브리인이라는 말도 점점 확대되어 사용되면서 유대인과 동일하게 혹은 비슷하게, 그리고 섞어 쓰기 시작한 것이다. 엄격하게 말하자면 셈의 후손 중 아브라함의 후손에게만 히브리인이라는 명칭을 쓰는 것이 옳다.

십일조로 자신의 것을 내어놓다

아브라함은 고향인 갈대아 우르에서 1천600km나 떨어진 가나안 땅으로 과감하게 이주를 결심하고 이를 실천에 옮겼다. 이는 기원전 22세기에 있었던 일로, 그 당시에는 태어난 곳에서 평생을 살다가 죽는 것이 일반적이었다. 그런데 아브라함은 사막을 건너 처음 가는 낯선 땅에 식솔을 이끌고 나선 것이다. 질병과 도적, 황량한 사막의 바람을 맞으며 죽음의 공포를 이겨내고, 메소포타미아의 비옥한 환경을 집어던지고 척박한 가나안 땅으로 이주해온 것이다. 그의 이주는 여호와에 대한 신앙이 있어 가능했던 것으로, 이런 '비움'의 정신으로 그는 낯설고 물선 곳에서 대부호로서의 첫걸음을 시작한 것이었다.

후의 이야기지만 아브라함, 이삭, 야곱은 3대에 걸쳐 큰 부자로 살았다. 그들은 목축과 곡물 수확으로 큰 재력을 가지게 되었고, 그 재력을 바탕으로 인력도 충분하게 고용했다. 돈과 인력, 이것은 고대 사회에서 가장 필요한 자원이었다. 이 때문에 전쟁이 나기도 했고, 주위의 블레셋 사람들의 질투와 존경의 대상이 되기도 했다.

아브라함이 살던 곳 근처에는 블레셋족이 살았다. 블레셋은 히타이트족의 일부가 지중해를 건너와 팔레스타인 땅에 정착한 민족으로, 우리가 흔히 팔레스타나인이라고 부르는 이들의 선조뻘에 해당한다. 이 블레셋의 왕 아비멜렉이 이삭을 직접 방문해 평화조약을 제안한 것은 그만큼 아브라함의 가계가 부를 크게 이뤄 함부로 넘볼 수 없는 수준이 되었기 때문이었다(창세기 26장).

예부터 부(富)라는 것은 재물과 인력의 집합이었다. 아브라함은 변방의 부족왕들이 자신의 조카와 가족들을 납치해 달아나자 318명에 달하는 대추격대를 편성했다. 구약성경은 당시 상황을 이렇게 기록했다.

그돌라오멜과 그의 군대는 소돔과 고모라 사람들의 모든 재산과 음식을 빼앗았습니다. 그들은 소돔에 살고 있던 아브람(아브라함의 옛 이름)의 조카 롯도 끌고 갔습니다. 그들은 롯의 재산도 다 가지고 갔습니다. 그때 도망쳐나온 사람 하나가 히브리 사람 아브람에게 와서 그 사실을 알려주었습니다. 그때에 아브람은 아모리 사람 마므레의 큰 나무들 가까이에 장막을 치고 있었습니다. 마므레는 에스골의 형제였고,

아넬과도 형제 사이였습니다. 그들은 모두 아브람을 돕기로 약속을 한 사람들이었습니다. 아브람은 자기 조카 롯이 사로잡혔다는 소식을 듣고, 그의 장막에서 태어나 그가 훈련시킨 사람 318명을 이끌고 단까지 뒤쫓았습니다. 그날 밤에 아브람은 자기 부하들을 나누었습니다. 그들은 상대편 군대를 공격했습니다. 아브람의 부하들은 그들을 다마스커스 북쪽의 호바까지 뒤쫓았습니다. 아브람은 그들이 빼앗아간 재산을 모두 되찾았습니다. 자기 조카 롯과 롯의 모든 재산을 되찾았고, 여자들과 다른 사람들도 되찾았습니다. 　　쉬운성경 창세기 14:11-16

아브라함이 조카 롯을 얼마나 아꼈는지를 살펴볼 수 있는 대목이다. 지역간 쟁패가 잦았던 중근동에서 318명의 식솔을 거느리고 전쟁을 벌이는 것이 결코 쉬운 일은 아니었을 것이다. 자칫하면 모든 재산과 병력까지 다 잃어버릴 수도 있는 도박 같은 싸움을 위해 그는 모든 것을 걸었다. 자신을 버림으로써 조카를 구하고 명예를 지키면서 많은 전리품을 통해 부를 얻어낸 것이다. 물론 아브라함이 많은 사병을 거느리고 큰 경작지를 가진 대부호였기에 이런 싸움이 가능했던 것이다.

아브라함은 이 전쟁에서 승리한 후 팔레스티나 지역에서 우뚝 서게 되었다. 그는 이 전쟁의 승리를 여호와 하나님의 보살핌 때문이라고 여겨 이를 '믿음'으로 감사히 여겼으며, 전리품을 나누고 제사장 멜기세덱에게 십일조를 드렸다.

오늘날 많은 유대인들이 사업에 성공하면 그것을 하나님의 은혜로 여기고 십일조를 드리는 것도 여기에서 비롯된 전통이다. 십일조는 유대인들에게 신앙의 기본이 되는 것이다. 재산은 내 것이 아니라 여호와의 것이므로 수입의 10분의 1을 드려도 나머지 아홉으로 충분히 살 수 있게 해주시리라는 믿음이 있는 것이다. 한편 이스라엘인들은 지금도 주변 아랍과의 전쟁이 벌어지면 아브라함의 전투를 떠올리며 전쟁의 승리를 기도한다.

하지만 이러한 아브라함도 처음부터 믿음이 좋았던 것은 아니었다. 실수도 많았고 실패한 적도 있었다. 이러한 부분이 후손들에게 용기를 주는 대목이기도 하다. 만약 아브라함이 너무나도 완벽한 사람이었다면 후손들은 할 수 있다는 자신감보다 오히려 패배감을 느꼈을 것이다.

열악한 현실에서 자신을 비워 가문을 지키다

메소포타미아 지방 출신이었던 그는 가나안(현재의 팔레스타인 땅)에서는 그저 이민자에 불과했다. 메소포타미아 광야를 건너와 혈혈단신이었던 그에게는 그 어떤 원조자나 후견인도 없었다. 이러한 열악한 현실 속에서 자신의 것을 지키려고 전전긍긍하기보다 마음을 비우고 신앙에 의지한 것이 아브라함이었다.

자신의 선택을 믿고 따라온 조카 롯과 나머지 가족들의 생사는 오로지 자신의 결정 한 마디에 달려 있는 상황이었다. 이러한 이유로 어려움이 닥쳤을 때 그는 주저 없이 아내를 줘버렸다. 이것은 21세기를 살고 있는 우리들의 시각에서는 상상할 수도 없는 여성학대이고, 가부장적 자세로 비춰질 수도 있다. 하지만 당시에는 여성이 남성의 소유물이었기 때문에 이러한 일은 빈번했다.

아브라함이 아내를 버린 것은 사랑하지 않아서가 아니었다. 가족을 살리기 위해 '버린' 것이었다. 내 소유를 던질 정도로 욕심이 없다는 것을 상대방에게 보여주며 신뢰를 얻었다. 그런 자세를 보여주기 위해 아브라함은 자신의 아내 사라(대단한 미인이었던 것으로 묘사된다)를 두 번이나 주변 지역의 부족왕들에게 주면서 누이동생이라고 둘러댔다. 그렇게 얻은 환심으로 밖으로는 그들과 어울리면서 안으로는 확실하게 부와 명예를 축적해갔다.

낯선 곳에서 가장 쉽게 어울릴 수 있는 방법인 정략결혼은 당시 고대 사회의 당연한 풍습이었다. 그때까지만 해도 아브라함이 여호와 하나님에 대한 신앙으로 똘똘 뭉친 상태가 아니었기 때문에 아내를 버릴 수 있었던 것이었다. 그렇다면 구체적으로 아브라함의 행적을 살펴보자.

아브라함은 가뭄과 고생을 견디지 못해 이집트로 잠시 피신을 갔을 때 자신과 공동체의 안전을 위해 아내 사라를 누이동생이라고 거짓말을 했다. 지금의 이스라엘은 관개시설이 잘 되어 있어 가뭄 걱정은 덜었지만 과거에는 비가 오지 않으면 죽은 목숨이나 마찬가지였다. 특히 동풍이 불면 사우디아라비아 사막으로부터 불어오는 메마르고 더운 바람 때문에 모든 작물이 말라죽었다. 아브라함은 이를 견디지 못하고 주변 이집트 땅으로 피신하게 되었던 것이다. 하지만 그곳은 더 낯설고 이국적인 곳이었다. 아브라함은 살기 위해 아내에게 관심을 보인 파라오에게 아내를 주었다.

이집트 왕 파라오는 아브라함의 아내 사라가 너무 예쁜 나머지 궁으로 불러들였으며 그 대가로 아브라함에게 수많은 가축과 노예를 주었다. 하지만 아브라함의 여호와 하나님은 파라오에게 심한 역병을 내려 이 거짓말이 들통나게 한다.

성경에 따르면 파라오는 이 일로 아브라함을 나무라지만 내쫓지는 못했다. 강력한 여호와 신이 아브라함을 지키고 있다는 것을 알았기 때문에 손댈 수가 없었던 것이다. 거짓말로 커다란 문제를 일으킨 장본인인 아브라함은 벌을 받기는커녕 오히려 재산이 크게 늘어나게 되었다. 그에게 이와 같은 일은 두 번이나 일어났다(창세기 20장 참조).

후일 아브라함을 다시 팔레스타인으로 불러들인 하나님은 그를 나무라고 이를 바로잡아 주었지만, 그가 유대 민족의 조상이 될 것이었기에 축복과 재물을 부어주었으며, 100세에 아들(이삭)을 낳는 기적을 베풀었다.

버림으로써 순종한 믿음이 신뢰를 얻게 하다

"유대인을 이해하려면 아브라함부터 이해해야 한다"는 말이 있다. 아브라함은 믿음의 조상이다. 하지만 앞에서처럼 아내를 두 번이나 누이동생으로 속였던 전력도 있었다. 그런데 그는 어떻게 여호와 하나님에게 의인으로 평가받고, 재물의 축복에다 100세에 아들까지 얻는 축복까지 누렸을까?

그것은 그가 연약한 인간의 존재임을 자각하고 전적으로 여호와 신에게 의지했기 때문이었다. 그는 자신이 정착해 잘 살고 있던 (조상 대대로 기반이 닦여진) 메소포타미아의 우르에서 모든 것을 버리고 가나안(팔레스티나)으로 이주해올 때 여호와의 명령에 순종한 사람이었다. 그 점으로 여호와에게 인정받은 것이었다.

또한 아브라함은 여러 가지 어려움 속에서도 신앙을 잃지 않았고, 후일 신앙심이 더욱 깊어지자 심지어 아들인 이삭을 제물로 바치라는 여호와의 명령에도 순종했다. 가장 사랑하는 아들도 내어놓을 수 있는 믿음이 그에게 있었다는 점은 여호와 하나님의 신뢰를 받기에 충분했다.

여호와는 아브라함이 마음을 비우고 자식까지 버려가며 순종하는 것을 확인하고는 이윽고 그를 제지한다. 그러고 나서 "내가 이제야 네가 하나님을 경외하는 줄을 아노라"라고 인정한 것이다. 한마디로 아브라함의 믿음은 여호와 하나님이 나와 내 인생을 주관하고 있다는 강력한 순종과 버림의 미학으로 여호와에게 인정받을 수 있었던 것이다.

유대인들은 지금 현실이 고달프고 괴로우며 자신도 신실하게 사는 것은 아니지만 그럼에도 하나님이 함께 하시므로 걱정되지 않는다는 믿음을 가장 중요하게 생각한다. 그러므로 그들에게는 이렇게 먼저 믿음의 그릇을 만들고 나면 여호와가 재물로 축복해줄 것이라는 든든한 신앙적 확신이 있었던 것이다. 따라서 유대인들은 수천 년간 나라 없이 떠돌았지만 이 확고부동한 믿음의 힘으로 그들 고유의 신앙과 관습, 문화를 지킬 수 있었다.

유대인들에게서 빼놓지 말고 반드시 살펴봐야 할 것이 바로 신앙이다. 그들에게 신앙을 빼고 돈만 선택하겠느냐고 묻는다면 "예"라고 대답하는 사람은 아무도 없을 것이다. 그만큼 신앙은 기본이고 체득된 생활양식이다. 그들에게 신앙 없이 사는 것은 손전등 없이 밤길을 걷는 것과 같다.

유대인에게 여호와 신이란?

유대인들에게 여호와는 어떤 신으로 비쳐지고 있을까? 모세가 이집트에서 백성을 데리고 나올 때는 사랑이 충만한 아버지 같은 신이었다. 하지만 광야에서 히브리 민족이 죄를 저질렀을 때는 심판하는 사자처럼 무서운 존재였다. 그렇다면 랍비들은 여호와를 어떻게 바라보는 것일까?

한 로마인이 와서 랍비에게 물었다.

"당신들이 항상 이야기하는 여호와 하나님은 도대체 어디에 있는 거요?"

랍비는 심술궂은 로마인을 데리고 나가 하늘을 쳐다보라고 말했다.

"저 태양을 똑바로 바라보시오."

로마인은 눈이 부시자 언짢은 소리로 말했다.

"태양을 똑바로 볼 수 있는 사람이 어디 있소?"

"당신은 신이 창조한 태양조차 볼 수 없으면서 어찌 위대한 신을 볼 수 있을 거라 생각한 거요?"

유대인들은 여호와를 바라보면 죽는다고 여긴다. 성경에 인간이 여호와를 바라볼 수 없다고 분명히 기록되기 때문이다. 하나님을 바라보고도 죽지 않은 인물은 모세밖에 없었다. 심지어 모세가 시내산에서 하나님을 만나고 왔을 때, 그 빛나는 광채로 인해 얼굴에 수건을 덮고 다녀야 할 정도였다. 이만큼 유대인의 여호와는 지고의 신이다.

유대인들은 하루에 세 번 기도한다

유대인을 가장 유대인답게 하는 것은 기도이다. 유대인들은 최소한 하루에 3번 기도한다. 아침, 오후 그리고 저녁에 기도하는데, 주로 저녁 기도는 해지기 직전이나 해진 직후에 드린다. 유대인들은 아침에 눈을 뜨자마자 침대에서 일어나기 전에 반드시 여호와를 찬양하는 기도를 올린다. 또한 씻고 나서 다시 축복 기도를 드리고, 식사 전에 감사 기도를 드리며, 회당에 나가서는 탈무드를 읽고 기도를 드린다.

'쉐마 기도'라고 불리는 기도는 여호와 하나님의 권위를 찬양하고 자신을 되돌아보며 마음의 결단을 내리는 기도다. 이후 18개로 이루어진 기도와 함께 기본 기도를 드린다. 구약성경 「시편」 114장과 115장이 주 내용이다.

「시편」 114장은 히브리족이 이집트를 탈출하던 당시를 기리는 노래로 영화 〈십계〉에서 보았듯이 바다가 갈라지면서 뒤로 물러나고 땅이 드러나며 광야의 바위에서 샘이 솟아나는 기적을 베푼 여호와를 찬양하는 내용이다. 또 115장은 여호와의 영광을 찬양하고 이스라엘의 백성들이 축복받기를 원하는 내용을 담고 있다. 그 구절 중의 일부를 보자.

이스라엘아, 여호와를 의지하라. 그는 너희의 도움이시요 너희의 방패시로다. 아론의 집이여, 여호와를 의지하라. 그는 너희의 도움이시요 너희의 방패시로다. 여호와를 경외하는 자들아, 너희는 여호와를 의지하여라. 그는 너희의 도움이시요 너희의 방패시로다. 여호와께서 우리를 생각하사 복을 주시되 이스라엘 집에도 복을 주시고 아론의 집에도 복을 주시며 높은 사람이나 낮은 사람을 막론하고 여호와를 경외하는 자들에게 복을 주시리로다. 여호와께서 너희를 곧 너희와 너희의 자손을 더욱 번창하게 하시기를 원하노라.　　　　　시편 115:9-14

여기서 이스라엘이라 부르는 것은 유대인들, 즉 히브리 민족을 가리킨다. 이들은 가정에서 기도할 때 일반적으로 하나님의 영광, 자신과 이웃의 축복, 하나님의 은혜와 축복에 대한 감사 등을 하나님께 올린다. 식사 때마다 기도를 올리는 것은 당연한 일이며, 감사기도가 주를 이룬다. 음식에 복 주시기를 기도하고, 준비한 손길을 위해 축복의 기도를 하기도 한다. 또한 저녁 취침 전에도 기도를 올리는데 매일 자기 전에 밤중에 세상을 떠날지라도 천국으로 인도해주기를 기도하며, 하나님 날개 아래 쉬는 평안함을 찬양하고 하나님의 생명 속에 거하게 해달라고 기도하는 것이다.

유대인들은 기도가 하나님의 지혜를 구하는 유일한 방법이라고 믿어 왔다. 이들의 기도는 하나님께 자신의 것을 이루어달라고 기도하는 기복적인 종교인들과는 다르다. 자신이 하나님 뜻에 따라 살게 해달라는 기도와 자신의 뜻이 하나님의 뜻과 같아질 수 있게 해달라는 기도다. 이런 것이 원래의 유대인 기도였다.

풀 수 없는 문제는 여호와의 뜻이다

유대인은 셈이 빠르지만 의외로 포기도 빠르다. 또한 풀리지 않는
고민을 하는 경우도 그리 많지 않다. 안 되는 것은 여호와의 뜻이라
고 돌려버리기 때문이다. 그들은 여호와가 간섭했다는 징후만 포착
되어도 신의 뜻에 맡겨버린다.

아브라함이 아들 이삭을 제물로 달라는 여호와의 요구에 순종한
것이나, 야곱이 둘째 아들을 첫째로 알고 잘못 축복한 다음에 그것
이 여호와의 뜻이라고 여긴 것 등은 모두 유대인들의 여호와 순종의
식에서 나온 것이다.

해결하기 어려운 난제는 모두 여호와께 맡기는 것이 스트레스도
덜 받는다는 것이 오늘날 유대인의 생각이다. 그렇게 하고도 해결되
지 않은 것은 기도하거나 제비를 뽑아 문제를 해결한다. 제비를 뽑
는 일은 과거에 성경 기록에도 자주 나타나는데 이는 제비뽑기 와중
에 여호와가 간섭할 것이라 믿는 탓이다. 풀리지 않는 고민은 당연
히 여호와께서 풀어주실 것이라는 생각은 고난 속에서도 유대인을
긍정적으로 만들어왔다.

여호와 신이 돈 다음으로 밀려나다

아브라함을 믿음의 조상으로 여기는 유대인들은 부(富)를 '하나님의 선물'임과 동시에 적이나 경쟁자를 이기기 위해 반드시 가져야 하는 필요악으로 여기고 있다. 그들의 조상 아브라함이 그렇게 성공을 거두었기 때문이다.

하지만 유대인들은 하나만 보고 둘은 보지 못했다. 아브라함이 조카 롯과 함께 목축업을 하면서 부를 축적하기 시작했지만 목축업의 특성상 우물과 초지가 모자라는 것은 당연한 일이었고, 자연스레 두 사람의 종들이 다투는 일이 벌어졌다. 그래서 두 사람은 서로 갈라서기로 하고, 어느 방향으로 나갈 것인지를 결정해야 했다. 그때 아브라함은 조카 롯에게 이렇게 말한다.

네 앞에 온 땅이 있지 아니하냐. 나를 떠나가라. 네가 좌하면 나는 우하고, 네가 우하면 나는 좌하리라.   창세기 13 : 9

그러자 롯은 보기에도 좋고 초지가 풍성한 소돔과 고모라 땅을 골랐다. 이 예의 없고 대책 없는 조카 롯의 행태는 나중에 소돔과 고모라가 불에 타면서 그대로 보응을 받게 된다. 아브라함은 척박한 땅으로 물러났지만, 여호와의 축복으로 더 많은 부를 얻을 수 있었다.

이 이야기의 교훈은 나누면 축복받는다는 것인데, 유대인들은 이를 잘못 받아들여 부에 관해서는 물러서지 않으려 하는 집착을 보이는 이들이 많았다. 또한 거기에 그치지 않고 그것이 유대의 전통이 되어버렸다. 하나님의 가르침과는 반대되는 행위가 전통이 되고 만 것이다.

또한 아브라함이 보여준 것처럼 살기 위해 필요한 거짓말을 했다는 사실만 눈여겨보아, 돈을 벌기 위해 필요한 거짓말은 은근히 눈감아주는 전통까지 생겼다. '옳지 않은 줄은 알지만 굶어 죽을 수는 없다'는 생각은 현대에까지 이어져 유대인들이 고리대금업에 손을 대고, 그로 인해 돈 없는 서민을 착취하는 민족이라는 비판까지 듣게 만들었다.

어찌 보면 어쩔 수 없었던 아브라함의 최초의 실수는 후대 유대인들에게 여러 가지 부정적인 영향을 미친 것도 사실이고, 그것 자체가 유대인의 특성을 이해하는 중요한 자료가 되는 것도 분명하다. 하지만 그때의 아브라함과 후대 유대인들의 상황은 분명히 다르다.

아브라함은 기댈 곳이 없는 생면부지의 땅으로 이민을 온 처지였다. 그는 살아남기 위해 여호와 하나님을 찾고 그를 믿고 따랐다. 그래서 믿음으로 의로움을 입은 최초의 조상이 되었다. 이 때문에 아브라함은 100세에 아들도 얻고 돈도 크게 벌었다고 유대인들은 생각한다. 유대인에게 자식은 곧 부강의 산물이다. 자식이 없음을 저주로 여겼기에 100세에 자식을 가진 것 자체가 여호와의 축복이 아니면 불가능한 일이라고 여기는 것이다.

하지만 돈 문제에 있어서는 유대인들이 아브라함보다 훨씬 세속적이었다. 아브라함은 돈을 벌기 위해 다른 사람을 속이거나(아내를 팔려고 한 것을 제외하곤) 침략하는 잘못을 범하지는 않았다. 그는 오로지 신앙으로 자신의 쓸 것을 구했다.

하지만 후대의 유대인들로서는 이리저리 근거도 없이 떠돌아다니는 민족이라 어느 한 곳에서도 마땅한 직업을 구하거나 사회적인 보증을 받기가 어려웠기 때문에 돈을 더 중요시하는 전통이 생겨난 것이다. 언제 쫓겨날지 모른다는 불안감 때문에 유대인들은 신용보다는 현금을 더 선호하게 된 것이다. 이런 풍조가 지나치게 확산되자 유대인들이 돈만 찾아다니는 풍조를 안타까워 한 예수 그리스도는 이들의 문제점을 다음과 같이 지적했다.

낙타가 바늘귀로 들어가는 것이 부자가 하나님의 나라에 들어가는 것보다 쉬우니라 하시니.   누가복음 18 : 25

나라 없이 떠돌아다녀야 했던 유대인들에게 돈이란 결국 자신을 지켜내는 유일한 수단이었고, 여호와 신은 돈 다음으로 밀려났기에 예수 그리스도는 그것을 통렬하게 지적하며 배금주의를 비난했던 것이다.

유대인들의
신앙에 대한 생각

• 당신은 신이 창조한 태양조차 볼 수 없으면서 어찌 위대한 신을 볼 수 있을 거라 생각한 거요?

• 마음은 신의 은총을 받고, 몸은 푸줏간의 은혜를 입고 있다.

• 신은 아버지이고, 행운은 어머니다.

• 하나님으로부터 만찬회에 초대를 받았을 때 당황하지 않고 나갈 수 있도록 항상 준비를 해놓아야 한다.

• 내가 두려워하는 것은 오직 하나님뿐이다.

• 신이 절대로 용서하지 않는 4가지 죄가 있는데 첫째는 같은 일에 대해 몇 번이고 후회하는 것이고, 둘째는 같은 죄를 다시 반복하는 것이다. 셋째는 다시 한 번 되풀이하기 위해 죄를 짓는

것이고, 넷째는 신의 이름을 모독하는 행위다.

- 죽음을 눈앞에 두고도 신을 위해 기도할 수 있는 나 자신으로부터 진실로 신을 사랑하는 나를 발견하는 기쁨뿐이다.

- 너는 마음을 다하고 뜻을 다하고 힘을 다해 네 하나님 여호와를 사랑하라.

- 구원의 날은 오늘이라도 오리라. 만약 신의 목소리에 귀 기울인다면.

- 사람이 마음으로 자기 길을 계획할지라도 그 걸음을 인도하시는 분은 여호와이시다.

- 사람이 여러 가지 계획을 세워도 여호와의 뜻만 이루어진다.

- 여호와께서는 지혜로 땅을 세우셨으며 명철로 하늘을 굳게 펴셨다.

- 여호와를 경외하는 것이 지혜의 근본이요, 거룩하신 자를 아는 것이 명철이니라.

- 새가 날개치며 그 새끼를 보호함같이 나 만군의 여호와가 예루살렘을 보호할 것이라.

2

리스크 관리_
솔직함과 도덕성으로
위기를 극복하다

요셉은 아버지 야곱의 첫째도 둘째도 아닌 열한 번째 아들이었다. 그럼에도 야곱이 죽음을 앞두고 가나안 땅에서 지분을 나눌 때, 11명의 다른 형제들이 한 지파씩의 지분만 인정받은 데 반해, 요셉은 두 지파의 지분을 인정받을 정도로 축복을 받았다. 그것은 요셉이 오랜 고난을 극복하고 아버지의 형제를 사랑으로 감싸안고, 그들의 굶주린 생명을 연장하게 해준 공로에 대한 결과였다.

또한 요셉은 이집트에 노예로 팔려갔지만 인내와 지혜로 고난을 극복하고 이집트의 총리 자리에 오른 입지전적인 인물이기도 하다. 특히 그의 개인사에서 젊은 시절의 고난 극복도 칭송의 대상이지만 이집트 총리로서 국난 극복, 리스크 관리의 주역이자 본보기가 되었다는 점이 그를 높이 평가하게 한다.

유대인들은 토라(모세오경)에서 요셉의 삶을 통해 고난 극복, 리스크 관리의 리더십을 배우고 있다. 그는 전형적인 유대인의 기질을 지닌 사람이었다. 그는 도덕적으로 흠이 없었다. 그는 여호와 하나님을 믿는 신앙적 도덕성으로 숱한 위기를 극복하고 왕의 신임까지 얻을 수 있었다. 유대인들은 요셉의 위대함을 높은 도덕성에서 찾고 있다.

시련 속에서도 솔직하고 성실했던 요셉

요셉은 꿈을 가진 비전의 사람이었다. 보디발의 아내가 눈독을 들일 만큼 요즘 말로 하면 완소남이자 꽃미남이기도 했다. 요셉은 야곱의 아들일 뿐만 아니라 가장 사랑하는 아내 라헬(레아, 실바, 빌하보다도 더 많이 사랑받은 여인이었다)의 자식이었기에 야곱의 사랑은 더욱 특별했다. 하지만 너무 사랑이 지나치다 보니 아이가 좀 되바라진 면도 있었다. 다음은 요셉이 어린 시절 꿈을 꾸고서는 형들에게 말하는 「창세기」의 내용이다.

요셉이 말했습니다.

"내가 꾼 꿈 이야기를 들어보세요. 우리가 들에서 곡식단을 묶고 있는데, 내 곡식단이 일어서니까 형들의 곡식단이 내 곡식단 곁으로 몰려들더니 내 곡식단 앞에 절을 했어요."

요셉의 형들이 말했습니다.

"네가 우리의 왕이라도 될 줄 아느냐? 네가 정말로 우리를 다스리게 될 줄 아느냐?"

요셉의 형들은 요셉이 말한 꿈 이야기 때문에 그전보다도 더 요셉을 미워했습니다.

그 후에 요셉이 또 꿈을 꾸었는데, 요셉은 그 꿈 이야기를 또 형들에게 들려주었습니다.

"들어보세요. 내가 또 꿈을 꾸었어요. 꿈에서 보니까 해와 달과 별 11개가 나에게 절을 했어요."

요셉은 그 꿈 이야기를 자기 아버지에게도 했습니다. 그러자 요셉의 아버지는 요셉을 꾸짖었습니다.

"그게 도대체 무슨 꿈이냐? 너는 정말로 너의 어머니와 너의 형들과 내가 너에게 절을 할 것이라고 믿느냐?"

요셉의 형들은 요셉을 질투했습니다.　　　　쉬운성경 창세기 37:6-11

요셉은 이미 나머지 형제들에게 죽이고 싶을 만큼 미운 존재가 되어버렸다. 게다가 요셉은 대책 없이 솔직했다. 어느 날 요셉의 형들이 들에 나가 양을 치고 있는데, 아버지 야곱이 요셉에게 형들이 잘하고 있는지 살펴보고 오라고 했다. 요셉은 별 생각 없이 들판에 나갔다가 형들에게 붙잡혔다. 질투심에 눈이 먼 형제들은 당시 그 지역을 지나던 이스마엘 상인들에게 요셉을 팔아버렸고, 그들은 다시 요셉을 이집트에 노예로 팔아버렸다. 요셉은 총애받던 아들에서 졸지에 노예가 되어버린 것이다.

그 뒤로 요셉은 온갖 불행을 겪게 되고, 아버지 야곱은 야곱대로 아들이 죽을 줄 알고 눈물을 흘리며 오랜 세월 아들을 그리워하게 된다. 이것이 요셉에게 닥친 첫 번째 시련이었다.

노예로 팔려간 요셉은 파라오의 시위대장인 보디발의 집으로 가게 된다. 여기서 요셉의 강점이 그대로 드러난다. 요셉은 절망하지 않는 사람이었다. 자신의 처지를 비관하지 않고 성실과 근면으로 주인을 섬기는 요셉은 보디발의 눈에 띌 수밖에 없었다.

당시 노예들은 대부분 전쟁 포로로 끌려온 이들이었다. 특히 이 가운데 글을 쓸 줄 알거나 혹은 귀족 출신의 시인들이나 노래를 잘하는 이들, 무술이 뛰어난 자들, 의사들은 상당한 우대를 받으며 어느 정도 자유를 누릴 수 있었다. 요셉 역시 성실하고 근면한데다 정직해 주인의 살림을 도맡아 하게 되었다. 요즘으로 말하면 수석 회계사나 총무 같은 역할을 하게 된 것이다.

게다가 집주인은 이집트 왕이 신임하는 보디발 시위대장이었다. 요셉의 솔직함과 여호와를 섬기는 모습을 본 보디발은 노예의 신분임에도 그를 발탁해 자신의 소유를 다 위임했다. 이렇게 요셉은 첫 번째 시련을 멋지게 극복했다.

그런데 성경에서는 요셉에 대해 "용모가 준수하고 아담하였더라(창세기 39:6)"라고 묘사하고 있다. 그러다 보니 밤낮으로 전쟁터로 돌아다니는 남편에게 불만을 품은 보디발의 아내가 요셉에 눈독을

들이게 되었고, 급기야는 강압적으로 동침을 요구하기에 이르렀다.

하지만 요셉은 이를 완강히 거절했다. 그의 솔직함은 다른 사람이 보는 데서만이 아니라 아무도 보지 않는 은밀한 곳에서도 효력을 발휘하는 소중한 자질이었던 것이다. 결국 자존심이 상한 보디발의 아내는 요셉에게 성폭행의 누명을 씌워 왕의 죄수들을 가둬두는 옥으로 보내버렸다. 이것이 요셉에게 두 번째로 닥친 시련이었다.

요셉은 옥에 갇혀서도 여전히 솔직하고 성실했으며, 여호와를 섬기는 믿음이 충만했다. 이러한 요셉의 모습을 지켜보던 감옥관리자 역시 요셉에게 옥의 제반 사무를 맡겼다. "어디를 가든 사람은 대하기 나름"이라는 말이 요셉에게는 아주 어울리는 교훈이었다. 그러던 중에 그 감옥에 투옥되어 있던 파라오 신하들의 꿈을 요셉이 정확히 해몽하게 되고, 이 사건 덕분에 요셉은 이집트 왕 파라오가 꾼 이상한 꿈을 해석하게 된다. 성경은 이 당시 광경을 이렇게 기록했다.

그로부터 2년 뒤에 파라오가 어떤 꿈을 꾸었습니다. 그는 꿈속에서 나일 강가에 서 있었습니다. 파라오는 강에서 살지고 아름다운 소 일곱 마리가 올라오는 것을 보았습니다. 그 소들은 강가에서 풀을 뜯어 먹었습니다. 그 다음에 또 다른 소 일곱 마리가 강에서 올라왔습니다. 그런데 그 소들은 야위고 못생겼습니다. 그 소들은 아름다운 소 일곱 마리와 함께 강가에 서 있었습니다. 그런데 야위고 못생긴 소 일곱 마리가 살지고 아름다운 소 일곱 마리를 잡아먹었습니다. 바로 그때, 파라오는 잠에서 깼습니다.

그러고 나서 파라오는 다시 잠들어 또 꿈을 꾸었습니다. 파라오는 꿈속에서 잘 자란 토실토실한 이삭 7개가 한 가지에 난 것을 보았습니다. 그 다음에는 또 다른 7개의 이삭이 솟아나온 것이 보였는데, 그 이삭들은 야윈데다가 동쪽에서 불어오는 바람 때문에 바싹 말라 있었습니다. 그 야윈 이삭들은 잘 자란 토실토실한 이삭을 잡아먹었습니다. 바로 그때 파라오가 또다시 잠에서 깼습니다. 깨어나 보니 모든 것이 꿈이었습니다. 이튿날 아침 파라오는 그 꿈 때문에 마음이 편치 못했습니다. 그래서 왕은 이집트의 마술사와 지혜로운 사람들을 다 불렀습니다. 파라오는 그들에게 꿈 이야기를 해주었습니다. 그러나 그 꿈이 어떤 꿈인가를 설명해줄 수 있는 사람이 아무도 없었습니다.

쉬운성경 창세기 41:1-8

파라오는 이 꿈이 너무도 이상해 주변의 박수와 무당들에게 해몽을 요구했지만, 아무도 제대로 맞추지 못했다. 파라오가 꿈 때문에 괴로워한다는 이야기를 들은 한 관리가 예전에 자신과 같이 옥에 갇혀 있던 젊은 히브리인 이야기를 왕에게 해주었다.

"그 히브리 노예는 정말 지혜로운 사람이었습니다. 꿈 해몽을 잘 했거든요."

그 관리가 말한 이는 바로 요셉이었다. 그 즉시 왕궁에 불려가 요셉은 그 이상한 꿈을 정확하게 해석했다.

"앞으로 7년간 이집트에는 엄청난 풍년이 들 것이나, 그 후로 7년간 앞의 풍년을 잊어버릴 정도의 가뭄과 흉년을 맞을 것입니다. 이 꿈은 하나님이 제게 해석을 보여준 것입니다. 왕께서는 흉년에 대한 대비책을 세우셔야 합니다."

파라오는 그 해몽을 신기하게 여겨 요셉을 이집트의 2인자 자리인 총리대신으로 기용했다. 요셉은 그만의 솔직함과 성실함으로 애굽(이집트)에 닥친 7년간의 기근과 가뭄을 슬기롭게 이겨냈다.

이는 아버지 야곱 밑에서 지낼 때나, 남의 집에 종살이를 할 때나, 감옥에 갇혔을 때나 일관된 성실함과 믿음으로 하나님과 사람들에게 사랑받았던 한 남자가 위기를 극복하고 부와 명예를 거머쥔 놀라운 이야기다. 어릴 때부터 이 이야기를 귀가 닳도록 들으며 자란 유대인들은 자연스레 존경하는 인물 1위로 요셉을 꼽는다. 그래서 유대인이라면 요셉의 솔직한 삶과 그의 위기 극복의 리더십을 배우고자 하는 것이다.

윤리경영, 높은 도덕성이 위기에서 그를 구했다

성경에 묘사된 요셉의 특징을 한번 살펴보자. 그는 전형적인 유대인의 기질을 지닌 사람이었다. 절대 위기에 굴하지 않고 끝까지 살아남는 근성을 보여준 것이다. 사람이 살다보면 위기는 늘 찾아오는 법이다. 요셉도 몇 번의 위기를 겪었지만 목숨을 지켜냈고, 결국에는 총리의 자리에까지 오르는 입지전적인 인물이 되었다.

요셉이 보여준 위기극복의 리더십을 오늘날의 시각으로 보자면 바로 윤리경영이다. 요셉이 국가 CEO가 되고 나서도 철저하게 지켰던 그의 리더십 요체를 다음 3가지 능력으로 정리해 볼 수 있다.

첫째, 요셉은 셈이 정확했다. 유대인들은 요셉이 여러 사람에게 신임을 얻을 수 있었던 이유로 우선 셈이 정확했다는 점을 꼽는다. '마음속에 속이는 저울이 없다' 는 것은 셈을 따지고 장사를 제일로 치는 유대인에게는 큰 덕목 가운데 하나가 아닌가. 요셉은 속임이 없는 인물이었다. 어릴 때 형들에게 미움 받을 것을 알면서도 꿈에서 본 내용을 그대로 이야기하는 솔직한 품성이 그의 장점이었다. 요셉의 이러한 점 때문에 노예 신분임에도 불구하고 파라오의 시위대장 보디발의 재산관리인으로까지 올라설 수 있었던 것이다. 유대인들은 요셉의 이 점을 높이 사고 있다.

둘째, 요셉은 도덕적으로 흠이 없었다. 개인이나 기업에 위기가 찾아왔을 때는 그 원인이 내부에 있는 경우가 대부분이다. 도덕적으로 흠이 많아 장관 후보자가 되었다가 떨어지거나, 승진 대상자였음에도 도덕성을 의심할 만한 사건 때문에 누락되는 경우를 어렵지 않게 볼 수 있다. 이처럼 많은 사람들이 내부적 위기관리에 서툴러 어려움에 처하지만 요셉은 그렇지 않았다. 그는 얼마든지 보디발의 아내가 요구하는 바를 들어줄 수 있었다. 하지만 그는 여호와 하나님을 믿는 신앙적 도덕성으로 이를 극복해냈다. 쾌락과 욕심, 열정을 절제할 수 있는 그였기에 왕의 신임까지 얻을 수 있었던 것이다. 젊었을 때 노블리스 오블리주를 제대로 실천해낸 요셉이었기에 가능했다. 유대인들은 요셉의 위대함을 높은 도덕성에서 찾고 있다.

셋째, 절체절명의 국가적 위기를 지혜롭게 극복했다. 아무리 요셉이라 해도 14년 동안 내내 흉년이 들었다면 꼼짝없이 실패할 수밖에 없을 것이다. 하지만 다행스러운 것은 7년 흉년 전에 풍년이 7년이나 계속되었다는 사실이다. 이 일은 CEO들에게 시사하는 바가 큰데, 잘될 때 위기 대비책을 마련해두라는 것이다. 흔히 기업이 잘 돌아갈 때 설비투자를 늘리고, 과감하게 공격적인 영업 마케팅을 펼치는 법이다. 그러다 보면 불경기가 되었을 때 위기를 대비하지 못하는 경우가 대부분이다. 하지만 요셉은 오히려 잘될 때 위기를 준비했다.

요셉의 과제는 '7년 풍작을 어떻게 관리해 흉년에 대비할 것인가, 계속될 7년 흉작을 어떻게 관리해 나라와 백성을 구할 것인가' 하는 것이었다. 지금도 쌀 농사가 풍년이면 쌀값이 떨어져 농민들이 아우성이고, 농사가 안 되면 안 되는 대로 또 어려워진다. 인류의 역사를 보면 농사가 시작된 이래 정치는 평안하기가 참 어려웠다. 농사관리를 잘하는 군주는 태평성대를 맞았고, 그렇지 못한 군주는 심각한 위기를 겪었다. 요셉의 경우도 마찬가지였다. 요셉이 성공할 수 있었던 비결은 대풍작 때 남아도는 곡식을 잘 저장하고, 흉년이 들었을 때 이를 효율적으로 배분한 것이다. 다시 말해 위기관리 능력이 뛰어났기 때문이다.

요셉은 파라오에게 이러한 해결책을 제시했다.

"그러니 파라오께서는 매우 지혜롭고 현명한 사람을 뽑아 그 사람에게 이집트 땅을 맡기십시오. 그리고 모든 지역에 관리들을 세워 풍년이 드는 동안 이집트 땅에서 나는 식물의 5분의 1을 거두어들이십시오. 그들은 왕의 권위에 힘입어 성마다 곡식을 쌓아두고 지켜야 합니다. 나중을 위해 그 식량을 저장해두어야 합니다. 그 식량은 이집트 땅에 닥쳐올 7년 동안의 가뭄 때 써야 할 것입니다. 그렇게 하면 7년 동안 가뭄이 들어도 이집트 백성은 죽지 않을 것입니다."

바로 그것이었다. 요셉의 위기관리 능력을 정리하면 다음과 같다.

1. 위기에 대비할 총책임자 선정(요셉 본인이 맡게 되었다)

2. 각 지역의 지역관리자 선정(권한의 위임을 실천했다)

3. 곡물 저장 창고 건축(물류설비를 극대화했다)

4. 국민들로부터 수확의 20%를 거두어들임(돈을 지불하고 거둔 것인지, 세금으로 받은 것인지는 불분명하다)

5. 저장 곡물의 비축과 철저한 관리(썩지 않고 보존시키는 방법을 개발한 듯하다)

6. 흉년에 맞춘 철저한 출하 계획 및 배분(인정이나 사적 감정에 휘둘리지 않고 철저히 원칙을 지켜 배분했다)

7. 장기적인 국가경영대책을 수립(14년간의 총체적 경제발전 계획을 준
   비하고 이를 실천에 옮겼다)

8. 청렴결백으로 수신제가를 이룸(요셉에 대한 기록 중 어디서도 그의
   부패를 엿볼 수 없다)

탁월한 위기관리 능력을 보여줬던 요셉 총리

현재 농사가 잘되고 있는데 미래를 대비하기 위해 계속 농작물을 비
축하는 것은 결코 쉬운 일이 아니다. 반만 년 이래 가장 현대화되고
과학화된 한국의 농사체계하에서도 쌀농사 과다는 심각한 문제를
일으키고 있다. 쌀값이 떨어지면 농민들이 큰 시름에 젖는 것은 물
론이고, 보관할 곳이 모자라 쌀막걸리와 쌀과자, 쌀라면, 쌀빵 등 수
요처를 만들어 밀어내다시피 하는 현실이다. 그래도 남으면 북한 동
포들에게도 나누어주면서 적정량만 보관하기 위해 애를 쓴다.

그런데 고대 사회는 말할 것도 없는 형편이다. 쌀과 밀의 문제점
은 너무 말라도 안 되고 너무 습해도 안 되는 것이다. 그러다 보니
보관 자체가 군주들에게는 큰 고민거리였다. 농사가 너무 잘 되어도
너무 안 되어도 군주로서는 골칫거리였던 것이다.

게다가 이집트는 기온이 높은 지역이다. 또한 나일강의 범람이 잦
고, 홍수와 가뭄이 번갈아가며 온다. 강 주변은 습하고, 사막 쪽은

메마르다. 뿐만 아니라 도시와 도시의 간격은 멀고, 교통도 불편한 시대였다. 전국에 산재한 창고의 곡식들을 적당한 습도를 유지해 썩히지 않게 관리하기란 너무도 어려운 일이었을 것이다.

성경에 나와 있지는 않지만 요셉은 육로와 수로 교통을 이용했을 것이다. 육로 교통은 수레의 발달로 가능했을 것이었다. 이미 이집트는 230만 개의 돌을 옮겨 무게 500만 톤의 피라미드를 만들 수 있는 기술을 가지고 있었다. 이 엄청난 돌을 운반할 수 있는 기술과 기술자를 보유한 만큼 요셉은 총리로서 이들을 효과적으로 활용해 식량을 운반했을 것으로 추측할 수 있다. 그러나 육로에서는 물류의 한계가 있는 법이다. 절대 물량을 옮기는 데는 육로가 아니라 수로 교통이 필요했을 것이다.

수로에서는 나일강의 흐름을 이용했을 것으로 짐작된다. 청나일 강과 백나일강에서 흘러든 나일강의 총길이는 6천671km로, 남반구에 위치한 부룬디와 탄자니아의 국경 부근에서 이집트 강어귀까지 흘러든다. 이러한 나일강의 유역 면적은 아프리카 대륙의 약 10분의 1을 차지할 정도다.

이집트 전역에서 나일강으로 운반해오면 수로를 이용하는 것은 그리 어렵지 않은 일이다. 나일강은 해마다 범람했지만 규칙적이었기 때문에 치수(治水)를 잘해 전국의 관료와 기술자, 과학자들은 요셉의 명령을 받아 효과적으로 식량을 운반·저장했을 것이다. 하지만 요셉이 혼자 이 일을 다 해냈다고 생각해서는 안 된다. 그렇다면 절대 불가능해 보이는 이 일을 요셉은 어떻게 해낼 수 있었을까?

성경에는 나와 있지 않지만 요셉은 인사 관리도 역시 철저히 했던 것으로 추측된다. 각지의 기술자와 과학자들, 관료들에게 권한을 위임하되 상과 벌을 엄격히 주고, 뇌물을 받거나 부도덕한 인물은 아예 축출해버렸을 것이다. 그 결과 7년의 비축이 가능했다.

다음은 7년의 흉년을 해결하는 일이었다. 쌓아두는 것보다도 흉년에 곡식을 내보내는 일은 더욱 실수 없이 진행해야 할 어려운 과제였다. 이때 먼저 들어온 곡식부터 내보내는 작업이 중요하다. 현대 물류센터의 저장고 입출 원칙은 선입선출이다. 먼저 들어온 자재가 먼저 나가는 것이다. 그래야 보존·보관의 원칙이 바로 선다.

여기에 날짜와 천문에 대한 과학도 필요한데, 이집트 사람들은 처음에 음력을 만들어 사용하다가 시리우스별이 365와 1/4일마다 출현하고 나면 나일강에 홍수가 난다는 사실을 알아냈다. 그렇게 해서 이집트 사람들은 양력을 만들 수 있었다. 이 양력은 결국 요셉에 의해 유대인에게도 전해진다.

들어온 곡물을 관리하기 위해 수학도 필요했다. 당시 메소포타미아는 60진법을 사용한 데 반해 이집트는 이미 원시적인 10진법을 이용하고 있었다. 요셉의 곡물 축적 방법을 살펴보자. 정확히 20%씩 곡물을 저장하지 않았는가? 이미 그는 10진법을 이용하고 있었던 것이다.

요셉은 교통과 물류, 날짜와 천문, 과학에 이르기까지 다양한 분야의 전문가들을 잘 활용해 곡물을 효율적으로 관리하기 시작했다. 다음 문제는 보존 방법이었다. 요셉의 또다른 과제는 곡식을 효과적으로 보존하는 방법을 찾는 것이었다.

하지만 이 역시 당시 이집트에서는 의학과 과학의 발달로 시신을 썩지 않게 보관하는 방법까지 개발되어 있는 상태였다. 건축과 보존 과학의 발달이 요셉의 부담을 덜어주었을 것임에 틀림이 없다. 이처럼 곡물 관리에 만전을 기했기에 요셉은 이집트 왕으로부터 신임을 받을 수 있었다.

요셉은 매년 20%씩 곡물을 거두어들여 7년간 1천820톤을 비축했다. 풍년이 끝나고 흉년이 왔을 때 요셉은 1차 연도에 거두어들인 곡물 260톤을 생산량 500톤에 보태주었다. 국가적으로 비상 상황이라 국민들은 평년보다 24% 정도 덜 먹고 버틸 수 있었을 것이다. 게다가 국민들도 개인적으로 일부 양식을 비축하고 있었을 테니 곤경을 더욱 슬기롭게 이겨낼 수 있으리라 본 것이다.

7년의 흉년 동안 요셉은 매년 260톤의 곡물을 풀었다. 만약에 비축한 곡물 없이 50% 생산량만으로 살아야 했다면 굶어죽는 이가 속출했을 것이다. 요셉의 위기관리 대비책으로 이집트 백성은 살아남게 되었다.

하지만 요셉은 7년 흉년이 계속되자 국가를 살리기 위해 국민들에게 대금을 받고 곡물을 지원했으며, 나중에 곡물이 바닥나 더이상 팔 것이 없자 그들을 왕의 노예로 삼았다. 개인의 목숨보다 전체를

귀중하게 여기는 전통은 이때부터 세워진 것이라 할 수 있다. 지금
도 이스라엘에서는 국가에 앞세워 개인의 이익이 제한되는 경우가
자주 나타나고 있다.

요셉이 가진 최고의 무기는 솔직함이었다

2001년과 2002년에 걸쳐 미국에서 발생한 일련의 회계 부정 사건들
이야말로 부정직과 거짓, 사기로 점철된 현대 사회와 이를 이끌어가
는 리더들의 문제점을 그대로 드러내보였다. 고대 사회도 이는 마찬
가지로, 군주들은 솔직함을 신하의 가장 중요한 덕목으로 여겼을 터
였다.

　요셉의 무기는 솔직함이었다. 그에게서 묵은 때와 흠과 거짓, 위
선은 찾아볼 수 없다. 그 점이 대 왕국 이집트의 파라오에게 신뢰를
주었던 것이다. 게다가 요셉은 솔직함뿐만 아니라 뛰어난 위기관리
능력까지 가지고 있었다. 이 정도면 요셉이 이집트의 최고 경영자가
될 만하지 않은가.

　요셉의 위기관리 업무 처리는 오늘날에도 그대로 적용할 수 있을
만큼 뛰어나다. 기업이든 조직이든 한때 잘나가는 때가 있기 마련이
다. 비즈니스가 저절로 술술 풀려나가며 수익이 커지면서 사업이 번
창해 이대로만 하면 억만장자는 떼놓은 당상이라고 생각하게 되는

때 말이다. 그 반대의 경우도 있다. 온갖 수단을 동원해도 일이 풀리지 않고 수익이 크게 줄며, 뜻하지 않은 사고나 재난이 속출하는 경우가 그것이다. 그래서 현대의 기업들은 나름대로 위기대책반 같은 것을 구성하기도 하고, 위기 대응 매뉴얼을 만들어두기도 한다.

솔직함과 도덕성에 대한
유대인의 생각

- 자물쇠는 정직한 사람을 위해 존재한다.

- 물건을 훔치지 않은 도둑은 스스로 정직하다고 생각한다.

- 거짓말쟁이에게 주는 가장 큰 벌은 그가 진실을 말했을 때 아무도 믿어주지 않는 것이다.

- 남 앞에서 부끄러워하는 사람과 자기 자신 앞에서 부끄러워하는 사람 사이에는 큰 차이가 있다.

- 올바른 일을 행하고 있는 사람은 혼자 걷기를 두려워하지 않는다. 그러나 나쁜 짓을 하는 사람은 혼자 걷기를 두려워한다.

- 명예는 많은 재산보다 소중하고, 존경받는 것은 금은보화보다 값지다.

- 네가 추구해야 할 것은 오직 정의, 정의뿐이다.

- 무엇이 선인가를 아는 것만으로는 안 된다. 선을 행해야 한다.

- 인간에 따라서는 구두와 같은 인간이 있다. 헐값인 것일수록 삐 걱거린다.

- 열매가 탐스럽게 열린 나무는 바람에 흔들리지 않는다.

- 인간이 선택해야 할 길은 무엇인가? 그것은 자기 자신이 보기에 도 명예롭고, 타인의 눈에도 존경받을 수 있는 길이다.

- 금화는 흙속에서도 빛이 난다.

- 좋은 일을 하는 것은 처음에는 가시밭길이지만 결국은 평탄한 길로 들어서게 된다. 나쁜 일을 하는 것은 처음에는 평탄한 길 이지만 곧 가시밭길로 들어서게 된다.

- 빈 독에 동전 한 닢을 넣으면 소리가 요란하지만, 동전이 가득 찬 독에는 소리가 없다.

기부와 나눔으로
더 큰 축복을 돌려받다

3

동방의 대부호였던 욥은 아무 잘못도 없이 하루아침에 10명의 자식과 전 재산을 몽땅 잃어버리고 피부를 기와로 긁어야만 견딜 수 있는 병에 걸린 신세가 되고 말았다. 그 아픔과 고통, 마음의 상처를 누가 헤아릴 수나 있을까? 심지어 그의 아내조차 "여호와 하나님을 저주하라"고 악담을 퍼부으며 그를 떠나고 만다. 하지만 욥은 여호와를 버리지도 원망하지 않았다. 그저 묵묵히 신음하며 하나님의 마음을 헤아리기 위해 노력했다. 그 결과 그는 재기에 성공했다. 그런 욥에게서 유대인은 희망을 읽는다.

　욥은 신실하고 근면한 사람으로 일찍이 부를 이루어낸 인물이다. 특히 그는 남을 돕고 후원하는 데 이름이 나 있었다. 베푸는 데는 그를 따라갈 이가 없었다는 것이다. 요즘말로 표현하자면 기부와 자선 사업에서 으뜸가는 인물이었던 것이다. 유대인은 짜고 인색한 인종이라는 평가가 대부분이지만 그런 평가는 그들의 삶과 전통을 제대로 이해하지 못했기 때문에 생겨난 것이다. 실제로 유대인은 자녀들에게 기부와 구제는 당연한 의무이자 자신이 축복받는 비결이라고 가르치고 있다.

욥을 추억하며 삶의 반전을 기도하는 유대인들

욥은 구약성경 「욥기」에서 부조리한 현실이 주는 고통 가운데서도 결코 소멸될 수 없는 인간의 의지와 고난 극복의 삶을 보여준 인물이다. 구약성경에 따르면 욥은 대략 아브라함과 비슷한 시기에 살았던 것으로 추측된다.

이 신비한 인물은 140세까지 살았다고 하며, 족장시대의 인물들과 비슷한 시기에 살았을 것이라고 주장하는 신학자들도 있다. 그 시절 평균 수명은 100세 이상이었다. 또한 가축을 소유한 숫자로 부를 측정하는 방식이나 부족 간 이동을 의미하는 기록이 구약성경 「욥기」 곳곳에 나오는 것을 미루어볼 때 신학자들의 이러한 추측은 정설로 받아들여지고 있다.

그가 우스 땅에 살았다고 성경에 기록되어 있는 것을 볼 때, 그곳은 아마 메소포타미아 지역 가운데 흐르는 유프라테스강 서쪽의 아람과 바벨 지역 사이 어디쯤일 것으로 보인다. 따라서 우스보다 서쪽에 있는 가나안 땅의 성경 기자들이 욥을 동방의 인물로 묘사한 것이다.

어쨌든 동방의 의인이라 불리는 그는 가난한 이웃을 돌보고 자신이 가진 것을 베풀며 자신의 수하를 잘 관리하던 의로운 사람이었다. 하지만 성경 속에서는 이를 사탄이 시기해 욥을 죽음 직전까지 몰고 가며 가혹한 시련을 주는 장면들이 계속 나타난다.

욥은 가혹한 시련을 견뎌내고 믿음을 굳게 지킨 인물로 널리 알려져 있다. 욥은 대단한 부자였지만 잇따른 재난으로 재산과 10명의 자녀를 모두 잃고 건강마저 잃었다. 지독한 악창과 피부병에 걸린 욥은 기와 조각으로 자신의 피부를 긁어가며 고통을 견딘다. 그 광경을 본 아내는 "하나님을 저주하라"고 소리치며 그를 떠나간다.

그를 문병하러 온 세 친구는 그의 고통과 고난이 욥이 저지른 잘못 때문이라고 비난하며, 죄를 회개해 하나님 앞에 바로 서야 한다고 충고한다. 하지만 욥은 그렇지 않다고 믿는다. 그는 자신이 고난받는 이유를 깨닫지 못하고 절망 직전에 놓여 하나님을 원망한다. 그럼에도 불구하고 욥은 하나님의 존재를 부인하지도 신앙을 버리지도 않는다.

이 시련을 이겨낸 그에게 하나님은 회복의 축복을 내린다. 그에게 지혜를 주고 하나님의 주권적 권능을 깨닫게 하며 회개하도록 한다. 이로써 욥은 병이 나았을 뿐만 아니라 전보다 더 큰 부를 되찾으며 자식도 풍성하게 낳는 축복을 받게 된다.

이런 기록을 볼 때 욥이 침착하고 신중한 성격이었음을 짐작할 수 있다. 함부로 신을 미워하거나 저주하지 않고 끝까지 신실하게 신앙을 지킨 자로 이름을 남긴 이유인 것이다.

유대인은 하나님에게 불평을 할지라도 그의 존재를 부정하지 않고 끝까지 붙잡고 있었다는 점을 욥의 장점이라고 생각한다. 또한 욥은 그렇게 신뢰하던 하나님이 자신을 회복시킬 것임을 믿고 기다렸다. 욥은 그런 믿음을 통해 영광스러운 반전을 이뤄낸 것이다.

유대인들은 디아스포라가 된 이후 수많은 고난을 겪어 왔다. 그들은 고난을 겪을 때마다 욥의 고통을 추억하며 생의 반전을 기도해왔다. 욥이 성공했듯이 자신들도 그렇게 할 수 있을 것이라고 믿었다. 이처럼 욥은 유대인들에게 반전의 희망을 주는 메신저로 높이 평가받아왔다.

살다 보면 폭풍의 순간을 맞기 마련이다

욥은 인품이나 성격, 행동에서 그 누구보다도 유능하고 신실한 사람이었다. 무엇보다 그에게는 뛰어난 신앙이 있었다. 또한 행복한 가정을 꾸려가며 10명의 자식과 풍요로움과 명성이 있었다. 그는 물질적으로도 정신적으로도 아무런 부족함이 없었다. 하지만 예기치 않게 성공과 행복의 정점에서 그는 추락하기 시작했다.

욥은 그런 처참한 상황을 맞았지만 신앙만은 잃지 않았다. 누구나 인생을 살다 보면 폭풍의 순간을 맞기 마련이다. 그럴 때 욥이야말로 우리가 희망을 가질 수 있도록 해주는 대표적인 인물이다. 그를 보며 좌절과 실패에서 벗어나 미래에 대한 희망을 갖게 된다.

유대인들은 정처 없이 떠돌아다니는 경우가 많았기에 늘 불안한 삶을 살았다. 정착한 곳에서도 이방인 취급을 받았고 죽음, 극심한 질투와 견제 속에서 생존해야 했다. 그러므로 이들이 화려하게 잘나갈 때는 죽음과 미래를 생각하고, 실패를 두려워하는 운명적 슬픔을 갖고 있었다. 행복과 성공의 정점에 있다 하더라도 어느 한 순간 인생의 나락으로 무너져 내릴 수 있다는 것을 유대인들은 늘 잊지 않았다. 그래서 이들은 「욥기」를 읽었고, 어떤 좌절에도 희망이 있다는 것을 상기하며 버텨냈다.

탈무드에 있는 랍비 아키바의 이야기를 살펴보자.

랍비 아키바가 여행을 하고 있었다. 그는 작은 램프를 하나 가지고 있었으며, 나귀와 개가 그의 길동무가 되었다. 해가 떨어지고 날이 저물어 어둠이 깔리자, 아키바는 한 동네에 들어가 헛간 한 채를 얻어 그곳에서 잠을 자기로 했다. 하지만 아직 잠을 자기에는 이른 시간이었으므로, 그는 램프 불을 붙여놓고 책을 읽기 시작했는데 바람이 불어 등불이 꺼지고 말았다. 그래서 랍비는 하는 수 없이 잠을 청했다. 그가 잠든 뒤 여우가 그의 개를 물어가버렸고, 사자가 그의 나귀마저 죽여버렸다.

아침이 되자 그는 할 수 없이 램프만을 들고 혼자 길을 떠났다. 가까운 마을에 들어서자 피비린내가 진동하고 마을에 사람이라고는 그림자도 찾아볼 수가 없었다. 전날 밤 도둑들이 이 마을에 들이닥쳐 집을 파괴하고, 마을 사람들을 모두 몰살시켰던 것이었다.

만일 램프가 바람에 꺼지지 않았다면, 그도 도둑들에게 들켰을 것이다. 또한 만일 개가 살아 있었다면 개가 짖어대어 도둑들이 몰려왔을 것이고, 나귀 역시 소란을 피웠을 것이다. 결국 그는 그가 가지고 있던 모든 것을 잃어버린 덕분에 살아남을 수 있었다. 랍비 아키바는 '아무리 최악의 상황에서라도 인간은 희망을 잃어서는 안 된다. 나쁜 일이 좋은 일로 바뀌는 일도 없지 않다는 사실을 알아야 한다'는 것을 깨달았다.

이 이야기는 우리나라의 '새옹지마(塞翁之馬)'라는 고사성어의 뜻과 비슷한 교훈을 전달하고 있다. 욥의 교훈이 유대인에게 전해지면서 랍비 아키바의 경우에서처럼 인생은 반드시 나쁜 일만 오는 것도 아니며, 나쁜 일이 오히려 전화위복이 될 수도 있다는 사실을 알려주고 있다.

우리가 사는 이 세상은 평온한 듯하다가도 금세 바람이 불고 비가 오며 번개와 벼락이 떨어지고 눈보라가 친다. 그러한 이유로 욥은 이 세상을 전쟁터에 비유한 바 있다. 유대인들은 이렇게 인생에 폭풍이 밀려와 삶의 기반이 흔들릴 때를 대비하는 것이 잘 사는 것보다 더 중요하다고 믿는다. 유대인들이 중동의 척박한 환경에서 독립한 후 이웃의 아랍과 반목하며 늘 아랍을 선제공격해온 것도 악한 환경에 미리 대비하고 적의 기선을 제압하려는 전통에서 비롯된 것이었다.

남을 돕고 후원하는 데 이름 나 있었던 욥

욥은 신실하고 근면한 사람으로 일찍이 부를 이루어낸 인물이다. 일차로 닥친 재난이 오기 전 욥은 이미 동방의 대표적인 부자였다. 동방 우스 땅에서 그가 차지한 막대한 규모의 재산을 성경 「욥기」에 나온 대로 한번 따져보자.

> 우스 땅에 욥이라 불리는 사람이 있었는데 그 사람은 온전하고 정직하여 하나님을 경외하며 악에서 떠난 자더라. 그에게 아들 일곱과 딸 셋이 태어나니라. 그의 소유물은 양이 칠천 마리요, 낙타가 삼천 마리요, 소가 오백 겨리요, 암나귀가 오백 마리이며, 종도 많이 있었으니 이 사람은 동방 사람 중에 가장 훌륭한 자라.　　　　욥기 1:1-2

이 기록에 의하면 시련을 겪기 전 욥은 키우는 가축 수만 무려 1만 1천500마리에 달할 정도로 재산이 많았다. 구체적으로는 양 7천 마리, 낙타 3천 마리, 소 500쌍(천 마리), 암나귀 500마리 등 총 1만 1천 500마리다. 이를 지금 시세로 환산해보면 양 한 마리 150달러 정도, 낙타 1천500달러 정도, 나귀 500달러 정도로 치고 여기에다 소 한 마리 500만 원 정도로 환산하면 어림잡아도 100억 원이 훨씬 넘는 액수라는 것을 알 수 있다.

게다가 이 가축 1만 1천500마리를 관리하는 노동력은 얼마나 되었을까? 100명은 족히 넘었을 것이다. 거기에다 이들이 데리고 있던 가족 수를 합하면 욥의 공동체는 최소한 500명 이상의 부족체였다는 것을 알 수 있다. 물론 여기에 마을의 다른 사람들은 전혀 계산에 넣지 않았다.

당연한 말이지만 욥은 아마도 그 지역의 대표적인 성공한 사업가이자 부자였을 것이다. 그런데 그를 비난하는 이야기는 어디에도 없다. 구약성경 「욥기」에는 이런 기록이 있다.

> 여호와께서 사탄에게 이르시되 네가 내 종 욥을 유의하여 보았느냐. 그와 같이 순결하고 정직하여 하나님을 경외하며 악에서 떠난 자가 세상에 없느니라.
>
> 욥기 2:3

순결하고 정직하며 하나님 신앙을 가진 자로 악에서 떠나 있다는 말이니, 그야말로 윤리적이고 도덕적이며 신앙을 굳게 지킨 인물이라는 것이다.

게다가 그는 남을 돕고 후원하는 데 이름이 나 있었다. 베푸는 데는 그를 따라갈 이가 없었다는 것이다. 다음은 「욥기」 29장에 나오는 욥의 고백이다.

그때에는 내가 나가서 성문에 이르기도 하며 내 자리를 거리에 마련하기도 하였느니라. 나를 보고 젊은이들은 숨으며(길에서 비켜서며), 노인들은 일어나 서며, 유지들은 말을 삼가고 손으로 입을 가리며, 지도자들은 말소리를 낮추었으니 그들의 혀가 입천장에 붙었느니라.
귀가 들은즉 나를 축복하고 눈이 본즉 나를 증언하였나니 이는 부르짖는 빈민과 도와줄 자 없는 고아를 내가 건졌음이라. 망하게 된 자도 나를 위하여 복을 빌었으며, 과부의 마음이 나로 말미암아 기뻐 노래하였느니라. 내가 의를 옷으로 삼아 입었으며, 나의 정의는 겉옷과 모자 같았느니라. 나는 맹인의 눈도 되고, 다리 저는 사람의 발도 되고, 빈궁한 자의 아버지도 되며, 내가 모르는 사람의 송사를 돌보아 주었으며, 불의한 자의 턱뼈를 부수고 노획한 물건을 그 잇새에서 빼내었느니라.

욥기 29:7-17

바로 이 대목을 보면 그는 불쌍한 이웃을 돌보고 그가 가진 자산으로 소외계층을 책임져왔다는 것을 알 수 있다. 이는 곧 자산의 환원이자 베풂과 돌봄이었다. 요즘말로 표현하자면 기부와 자선사업에서 으뜸가는 인물이었다는 것이다.

이런 완전한 부자의 자리에서 그는 급전직하로 추락해 거지가 되고 자식을 모두 잃었으며 아내마저도 그의 곁을 떠나버린다. 급기야 피부병 등의 각종 질병에 걸리기까지 했다. 이쯤 되면 신앙을 버리고 여호와를 떠날 만도 한데 그는 결코 포기하지 않는다. 이것이 욥의 강점이다.

계속 고생해오던 사람에게는 고생이 그리 고달프지 않지만 풍족하게 살던 사람이 나락으로 떨어져 지내기란 정말 어려운 일이다. 하지만 욥은 재기에 성공한다(욥기 42장 참고). 여호와께 깊은 신앙심을 인정받아 재산과 자식을 되돌려받게 되는 것이다. 성경은 욥의 재산목록을 열거하면서 이전보다 재산이 두 배나 늘어났음을 알려준다. 욥은 큰 부자로 살다가 망한 후 모든 것을 잃었지만, 신앙과 희망을 놓지 않고 버텨온 끝에 오히려 기존 자산의 두 배에 달하는 재산을 갖게 된 것이었다.

이렇게 재산을 두 배로 되찾은 것은 기쁜 일일지라도 그와는 별개로 죽은 자식들 때문에 마음이 괴로운 것이 당연한 일이다. 하지만 성경은 욥이 환경과 관련 없이 여호와 하나님을 경외하고 섬겼다고 기록하고 있다. 그는 재산이나 자식보다 하나님을 더 섬긴 것이다. 유대인들은 자식에 대한 애정이 어느 누구보다 크지만, 자식 역시 여호와의 선물이라고 믿고 있는 것이다. 이로 인해 탈무드에 이런 이야기도 나와 있다.

어떤 랍비가 안식일에 예배당에서 설교를 하고 있을 때, 갑자기 그의 두 아이가 집에서 죽고 말았다. 아내는 아이들의 시체를 2층으로 옮긴 뒤 흰 천으로 덮어주었다.

마침내 랍비가 집에 돌아오자 아내는 랍비에게 아무런 내색도 하지 않고 물었다.

"당신에게 묻고 싶은 것이 있어요. 어떤 사람이 저에게 너무나도 귀중한 보석을 잘 보관해달라고 맡기고 갔는데, 어느 날 갑자기 그 주인이 나타나 맡긴 보석을 돌려달라고 했어요. 그럴 때 어떻게 하면 좋을까요?"

그러자 랍비는 어렵지 않다는 듯이 대답했다.

"말할 것도 없이 맡은 보석은 주인에게 돌려주어야겠지."

그러자 그의 아내가 울먹이며 말했다.

"실은 조금 전에 하나님이 우리에게 맡기셨던 귀중한 보석 두 개를 찾아가지고 하늘로 돌아갔어요."

랍비는 아내의 말을 알아듣고 아무 말도 하지 않았다.

이들은 이렇듯 자식도 여호와가 주신 선물이며 보석이라고 생각한다. 욥은 이런 절대적인 여호와 신앙의 모델로 유대인의 가슴에 남아 있다.

돈만 많은 사람은 마음이 가난한 사람이다

"큰 부자에게는 자식이 없고 상속인만 있다."

유대인들에게 자식이란 여호와 하나님이 내려주신 선물이다. 그래서 자손이 많은 것은 축복이요, 자손이 없는 것은 축복을 받지 못한 것이라고 여겨져왔다. 하지만 물려줄 것이 많은 부자는 자식을 자식으로 보지 못하고, 물려받을 것이 많은 자식은 부모를 부모로 보지 못하는 경향이 있다.

돈 때문에 부모 자식 간에 수많은 싸움이 벌어지고, 심한 경우에는 인연을 끊거나 살인을 하는 경우까지도 발생한다. 하지만 돈에는 애시당초 선악이 없다. 다만 돈이란 그것을 소유한 사람에 따라 따뜻하고 유용한 물건이 될 수도 있고, 혹은 차갑고 위험한 물건이 될 수도 있다.

그런데 부자들은 늘 돈 속에 묻혀 있기 때문에 금전의 싸늘함이 자신이나 가족들에게 전해져 피와 마음까지 싸늘하게 식히고 있음을 모른다. 그러므로 가진 것이 많은 부자는 자식이 있다하더라도 그 자식은 진정한 의미의 자식이 아니라 오직 재산을 물려받을 상속인에 그칠 수밖에 없다.

"부자를 칭송하는 사람은 그 부자인 사람보다 그 부자의 돈을 칭송하는 것이다."

우리나라 속담에도 이와 비슷한 "정승집 개가 죽으면 문전이 터져 나가고, 정승이 죽으면 아무도 찾지 않는다"라는 말이 있다. 유대인에게도 비슷한 내용의 탈무드 이야기가 있다.

어느 날 두 사람이 랍비를 찾아왔다. 그 중 한 사람은 그 지역에서 손꼽히는 부자이고, 다른 한 사람은 몹시 가난한 사람이었다. 이 두 사람은 대기실에서 기다리도록 되어 있었는데, 좀 일찍 도착한 부자가 먼저 랍비의 방에 들어간 뒤 한 시간 만에 나왔다.

그 다음 가난한 사람이 들어가 그는 5분 만에 랍비의 방을 나와야 했다. 가난한 사람이 항의했다.

"왜 부자와의 상담은 한 시간이고, 나와의 상담은 단 5분 만에 끝내는 것입니까? 이래도 공평하다고 할 수 있습니까?"

랍비는 자상한 얼굴에 웃음을 띠며 대답했다.

"오해를 푸시오. 당신은 스스로 가난하다는 사실을 곧 알았지만, 부자는 자기의 마음이 가난하다는 사실을 알기까지 1시간이나 걸렸기 때문이라오."

부자는 돈은 많지만 마음은 가난하다는 것이다. 완고하고 교만해 자신의 생각을 바꾸려 들지 않는 것을 마음의 가난이라고 표현했다.

구제는 당연한 의무이자 자신이 축복받는 비결

탈무드에서는 자선을 4가지 타입으로 나눈다. 자발적으로 물건이나 돈을 내놓지만 다른 사람이 자신과 똑같은 돈이나 물건을 기부하는 것을 좋아하지 않는 타입, 자신이 베풀기 때문에 다른 사람도 베풀어야 한다고 생각하는 타입, 다른 사람이 자선을 베푸는 것은 좋아하지만 정작 자신이 베푸는 것은 주저하는 타입, 자신도 자선을 베풀기 싫어하고 다른 사람도 자선을 베푸는 것을 싫어하는 타입이 그것이다.

이 4가지 타입은 사람들의 살아가는 인생 방식을 비유한 글이다. 첫째 타입은 시기심과 질투가 많은 사람이고, 둘째는 착하고 경우가 바른 사람이며, 셋째는 돈을 쓰는 것에 인색하거나 자존감이 낮으며 자기 비하가 심한 사람이며, 마지막은 악하고 인색한 사람이다. 탈무드는 이 글 말미에 이렇게 써놓았다.

"한 자루의 촛불로 여러 개의 양초에 불을 붙여도 처음 촛불의 빛은 약해지지 않는다."

앞에서도 언급했지만 유대인은 짜고 인색한 인종이라는 평가가 대부분이다. 하지만 그런 평가는 그들의 삶과 전통을 제대로 이해하지 못했기 때문에 생겨난 것이다. 이렇게 왜곡된 인식이 자리잡게 된 데는 셰익스피어의 작품 속에서 유대인이 지독한 수전노로 묘사된 것도 한 부분을 차지한다. 하지만 실제로 유대인은 자녀들에게 자선과 구제는 당연한 의무이자 자신이 축복받는 비결이라고 가르치고 있다.

유대인들이 하는 자선의 기본은 자신이 하는 기부 행위를 다른 사람들이 모르게 하는 것이다. 또한 돕는 사람이 누구를 돕는지 모르게 하며, 도움받는 사람도 누구에게서 도움을 받는지 모르게 하는 것이다. 과거에는 성전 한 구석에 자선방(慈善房)을 마련해두고, 어려운 사람을 돕고 싶으면 거기에 자선물품이나 돈을 가져다두도록 한 적도 있었다. 이 정신에는 무엇보다 상대의 자존심을 상하지 않게 하려는 배려가 깔려 있다.

유대인이 쓰는 '구제'라는 말은 히브리어로 '쩨다카(하나님의 의)'이다. 이 말이 구약성서 시대에 구제라는 말로 쓰였는지는 알 수 없으나, 탈무드가 완성될 때는 이미 이 말이 널리 통용되었다. 기독교에서 쩨다카는 '공의(justice)'라는 말로 해석된다. 구제라는 말로 이 말이 통용되지는 않는 것이다. 오히려 하나님의 속성을 가장 잘 나타내는 말로, 모든 사람을 공평하게 취급하시는 하나님의 정의라고 해석된다. 하지만 유대인들이 이 말을 구제라는 말로 대체해 쓰기를 좋아하는 이유는 구제가 하나님의 뜻으로 행해지는 것이라는 의미를 담고 있기 때문이다.

이들은 구제야말로 하나님이 인간에게 주신 양심이며 선물이라고 생각한다. 그래서 유대인들은 자녀들이 어릴 때부터 가정이나 성전한 구석, 회당, 학교, 공공기관 등에 비치된 구제함에 돈이나 물품을 기부하는 것을 습관이 되도록 가르친다. 이 구제함을 '푸슈케'라고 부른다. 푸슈케는 안식일 기도에 들어가기 전에 동전을 넣는 전통이며, 이는 지금까지 전해내려오고 있다. 이들에게서 남을 돕는 것에 대해 자랑하는 말을 듣기는 어렵다. 그것은 누구나 해야 하는 당연한 의무이기 때문이다.

총수입의 10분의 1을 구제에 쓰는 것이 유대인들의 전통이다. 이들은 수입의 20분의 1 이하를 구제에 쓰는 사람을 인색하다 하고, 수입의 절반을 구제하면 최선을 다한 사람이라고 생각한다. 하지만 그 이상을 기부하는 것을 금해 지나친 기부로 인해 자신이 구제받게 되는 일이 없도록 규정하고 있다. 이 얼마나 합리적이고 현실적이며 공동체적인가.

유대인이 지금까지 끊임없이 버림받고 천대받아오면서도 그 사회를 굳건히 지킬 수 있었던 것은 이러한 공동체 정신과 기부문화가 몸에 배어 있기 때문이다. 탈무드에서는 "다른 사람을 돕기 위해 베푼 돈은 반드시 돌아온다"고 가르친다.

큰 농장을 경영하는 유대인 부부가 있었다. 농장 주인은 예루살렘 근방에서는 가장 자선에 힘쓰는 농사꾼으로 인근에 널리 존경받고 있었다. 매년 랍비들이 그 농장 주인을 찾아가 적잖은 도움을 받고 있었는데, 그 농장 주인은 매년 아끼지 않고 후하게 그들을 대접했다.

어느 해 몹시 심한 폭풍우가 몰아치면서 과수나무들이 모두 쓰러지고, 전염병까지 퍼져 키우던 가축들도 모두 죽고 말았다. 하루아침에 이렇게 망해버리자 그에게 자본금을 융통해준 채권자들이 몰려들어 나머지 재산에 차압까지 붙임으로써 그에게는 쓸모없는 자투리땅만 남게 되었다.

하지만 농장 주인은 "하나님이 주신 것을 하나님이 찾아가신 것인데 할 수 없지"라며 태연스럽기까지 했다. 농장 주인이 망해버린 그 해에도 랍비들이 찾아왔다. 랍비들은 그 많던 재산을 모두 잃어버린 농장 주인을 위로했다. 이때 주인의 아내는 남편에게 이렇게 의논했다.

"우리 부부는 해마다 랍비님들을 통해 학교를 세우거나 회당의 유지 비용을 냈는데, 올해는 아무것도 내놓을 게 없으니 정말 부끄럽네요. 그렇다고 저분들을 그냥 가게 할 수도 없고 어떻게 하면 좋겠어요?"

그래서 남편과 아내는 남아 있는 자투리땅의 절반을 팔아 헌금하고, 나머지 땅을 일구어 농사를 짓기로 결심했다. 랍비들은 이 같은 뜻밖의 헌금을 받고는 무척 놀랐다.

그 뒤로 농부는 절반만 남아 있는 자투리땅에서 소를 이용해 밭을 갈고 있었는데, 갑자기 소가 쓰러졌다. 흙탕에 쓰러진 소를 끌어내자 그 소 발밑에서 보물이 쏟아져나왔다. 그 보물을 팔아 농장 부부는 다시 옛날처럼 큰 농장을 경영했다.

다음해 또 랍비들이 찾아왔다. 랍비들은 아직도 그 농부가 가난하고 어렵게 살고 있을 것이라 믿고 지난 해 살던 곳으로 찾아갔다. 그랬더니 이웃 사람들이 "저쪽 큰 집에 살고 있다"고 알려주었다. 랍비들이 농장 주인의 새 농장을 찾아가자, 주인은 자신이 1년 동안 겪었던 일들을 들려주면서 "다른 사람을 위해 자선하면 그 대가가 반드시 되돌아온다"고 말했다.

이 교훈은 다른 사람에게 쓰는 돈은 자신에게 이익으로 돌아온다는 유대인 문화의 일면을 그대로 드러낸 것이다. 랍비 샴마이는 "어떤 사람이 세상의 모든 것을 친구에게 선물한다 하더라도 인색한 마음으로 하면 아무것도 주지 않는 것과 마찬가지이며, 어떤 사람이 친구에게 아무것도 주지 못하지만 기쁨으로 그를 맞아준다면 세상의 모든 선물을 주는 것과 같다"고 말했다. 유대인의 기부와 자선의 문화는 이러한 정신에서 태어난 것이다.

가까운 곳의 아픔을 늘 돌아보는 유대인들

주신 자도 여호와시요 거두신 이도 여호와시오니 여호와 이름이 찬송을 받으실지니이다.   욥기 1:21

우리가 하나님께 복을 받았은즉 화도 받지 아니 하겠느냐.   욥기 2:10

이러한 신앙의 자세는 유대인들의 기본적인 기부 자세가 되었다. 유대인들은 구두쇠라고 알려져 있지만, 실제로 그들은 기부문화에 누구보다 익숙한 사람들이다. 그로 인해 자신들은 더욱 물질의 축복을 받고 있다는 것이 유대인들의 생각이다.

"다른 사람을 돕기 전에 네 가족과 친지가 밥을 굶고 있지는 않은지 먼저 돌아보라. 네 가족과 친지를 도운 다음에는 네 이웃이 굶고 있지는 않은지 돌아보라. 또한 힘이 닿으면 네가 사는 동네와 도시의 이웃을 돌아보라."

이것은 탈무드에 나오는 교훈이다. 먼저 가까운 곳부터 돌아보고 그들의 아픔을 헤아려야 한다는 뜻이 담겨 있다. 그들은 멀리 있는 사람을 돕느라 가까이 있는 사람을 굶기는 것은 옳지 않은 일이라고 생각한다.

그래서 유대인들은 세계 어느 나라보다 공동체 정신이 강하다. 한 동네에서 큰 부자가 나오면 그것이 곧 자신에게 이익으로 다가오기 때문이다. 이웃이 잘되면 내 기쁨이고 금전적으로도 큰 도움이 되는 탓이다. 유대인 공동체 안에 가난한 사람을 두고 다른 사람을 먼저 돕는 것은 이율배반으로 여기는 그들만의 전통은 '사촌이 땅을 사면 배가 아픈' 우리들이 꼭 배워야 할 사고방식이 아닌가 싶다.

기부와 자선에 대한
유대인들의 생각

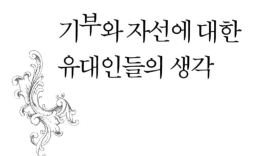

- 아무리 부자라도 선행하지 않는 사람은 맛있는 요리를 차려놓은 식탁에 소금이 없는 것과 같다.

- 선행에 대해 문을 닫아버리면 다음에는 의사에게 결국 문을 열게 된다.

- 누구나 맨몸으로 태어나 맨몸으로 죽는다. 한 인간은 이 세상에 가족과 부와 선행, 이 3가지를 남기고 죽지만 선행보다 중요한 것은 없다.

- 사람이 죽어서 신 앞에 갔을 때 가지고 갈 수 없는 것이 있다. 돈과 친구와 친척과 가족이 그것이다. 하지만 선행만은 가지고 갈 수 있다.

- 착한 행실은 평상시에는 눈에 띄지 않지만 죽은 뒤에도 영원히 그와 함께 있기 마련이다.

- 인간에게는 3가지 벗이 있다. 그것은 자식과 부, 그리고 선행이다.

- 다른 사람에게 돈을 빌려줄 때에는 증인을 세우고, 적선할 때는 아무도 보지 않는 데서 하라.

- 큰 부자에게는 자식이 없고 상속인만 있다.

- 부자를 칭송하는 사람은 그 부자인 사람보다 돈을 칭송하는 것이다.

- 다른 사람을 위해 자선하면 그 대가가 반드시 되돌아온다.

- 다른 사람을 돕기 전에 네 가족과 친지가 밥을 굶고 있지는 않은지 먼저 돌아보라. 네 가족과 친지를 도운 다음에는 네 이웃이 굶고 있지는 않은지 돌아보라. 또한 힘이 닿으면 네가 사는 동네와 도시의 이웃을 돌아보라.

- 어떤 사람이 세상의 모든 것을 친구에게 선물한다 하더라도 인색한 마음으로 하면 아무것도 주지 않는 것과 마찬가지이며, 어떤 사람이 친구에게 아무것도 주지 못하지만 기쁨으로 그를 맞아준다면 세상의 모든 선물을 주는 것과 같다.

- 낙타가 바늘귀에 들어가는 것이 부자가 하나님의 나라에 들어가는 것보다 쉽다.

- 자선을 많이 베풀면 그만큼 널리 평화가 이루어진다.

4

돈에 대한 생각 1_ 돈을 긍정적으로 받아들이다

유대인들은 중고대 사회에서 그 누구도 살기 어려운 삶을 고통으로 지내야 했다. 실력도 배경도 인맥도 없고 지연 학연의 도움도 없었다. 그들이 믿는 것은 오로지 '돈' 뿐이었다. 그러면서도 돈의 노예가 되지는 않았다.

　'게토(ghetto)'는 유대인들이 지내던 중세의 유대인 주거지를 말하는데, 유럽 각지에는 아직도 유적들이 그대로 남아 있다. 이것은 유대인들의 핍박의 역사를 보여주는 유적으로 당시 유대인들은 해가 지면 문밖 출입을 하지 못했고, 좋은 직업을 가질 수 없도록 법으로 금지되어 있었다.

　유대인들은 직업을 선택할 수 없었다. 다만 이때 유럽에서는 금융업에 대해서만은 관대하게 그들이 하도록 내버려두었다. 왜냐하면 기독교도들은 대부업을 천시했기 때문이었다. 이때부터 유대인들은 '신용'이라는 금융제도를 만들고 본격적인 대부업을 시작했다. 이

러한 배경으로 유대인들에게 돈은 곧 생명을 지킬 수 있는 수단이
되었다.

돈에 관해서 지나치리만큼 합리적이다

"부자가 반드시 좋다고 할 수는 없지만, 그렇다고 빈자가 좋은 것도 아
니다."

유대인들이 돈으로 돈을 버는 신용사업에 뛰어들면서 베니스나
로마에서 유대인에게 맡긴 돈을 카이로나 상하이에서도 빌릴 수 있
게 되었다. 유대인들의 전 세계 네트워크가 가동되면서 본격적인 대
부업이 시작된 것이었다. 그러다 보니 돈으로 돈을 버는 일들이 자
연스럽게 유대인들에게 본업이 되어 갔다. 이로 인해 당연히 돈에
대한 관점과 개념도 달라졌다.

유대인은 부자에 대해 관대하다. 부자가 그만큼 돈을 벌기 위해
노력한 점을 그들은 긍정적으로 보는 것이다. 우리 사회에 만연해
있는 재벌이나 부자에 대한 부정적인 시각을 유대인들은 이해하지
못한다.

유대인들은 유대교 랍비와 부자에게만 고개를 숙인다고 한다. 그
만큼 유대인은 돈에 관해서는 지나치리만큼 합리적이다. 여기서 합

리적이라는 말은 여느 종교인들처럼 돈을 악하다거나 선하다고 규정하는 것이 아니라 그냥 돈으로만 보는 것을 말한다.

어떤 사람이 랍비에게 물었다.

"랍비여, 지갑을 하나 주웠는데 이 지갑이 부자의 것인지 가난한 자의 것인지 저는 모릅니다. 이 경우라면 당신은 어떤 지갑이기를 바라시겠습니까?"

"그야 두말할 것 없지 않나? 당연히 부자의 것이지."

"아니, 그럼 랍비나 보통 사람이나 다를 게 뭐 있습니까?"

"다를 게 없지. 돈이 사람 가리는 것을 보았는가?"

유대인에게 있어 돈이란 이렇게 자신과 가까이 있는 것이다. 유대인에게 적어도 돈 문제는 이만큼 밀접하다. 이 세상에는 3가지 종류의 돈이 있는데, 그 첫째가 깨끗한 돈, 둘째는 더러운 돈, 셋째는 이 2가지를 섞어 만든 돈이라는 것이다.

그러므로 유대인은 돈을 두고 이렇다 저렇다 말하지 말라고 이야기한다. 더러운 것은 씻으면 되고, 씻은 돈을 깨끗하게 쓰면 된다는 것이 그들의 생각이다. 극단적으로 이야기하자면 심지어 도둑질한 돈일지라도 기부하는 데 쓸 수 있고, 배고픈 이들을 위해 쓸 수 있다는 입장이다.

구약성경「창세기」에서 야곱이 자신과 원수가 된 형을 만나기 위

해 가장 먼저 가져다준 것도 가축이었다(그 당시는 가축이 곧 돈이었
다). 유대인들은 이처럼 원수도 몰아낼 수 있는 힘을 가진 것이 돈이
라고 생각한다.

가난함을 찬양하는 설교는 존재하지 않는다

"가난하기 때문에 그 사람이 바르고, 부자이기 때문에 그 사람이 옳지
않다고 할 수는 없다."

유대인의 돈에 대한 컨셉은 앞에서 말한 대로 객관적이다. 유대인
들은 지나칠 만큼 객관적이라 돈에 대해 이러쿵저러쿵 이야기하는
것 자체를 싫어한다.

"돈은 착한 사람에게는 좋은 결과를 가져다주고, 나쁜 사람에게는
나쁜 결과를 가져다준다."

이 교훈은 돈의 객관성에 관한 이야기다. 유대인들은 기독교인들
처럼 인간의 몸에 대해 특별한 의미를 부여하지 않는다. 즉 기독교
에서는 인간의 몸이란 모든 욕망의 원천이기 때문에 육체는 그 자체
로 죄가 많다고 본다. 이와는 반대로 유대인들은 몸이란 맑은 정신

이 담긴 그릇이므로 이를 귀하게 여겨야 한다고 생각한다. 따라서 육체 자체가 죄를 범하지는 않는다고 믿고 있는 것이다.

이러한 유대인들의 생각은 돈에 대해서도 마찬가지다. 유대인들은 돈 그 자체에서는 좋은 일이건 나쁜 일이건 생겨나지 않는다고 생각한다.

돈의 성격에 대해 다음 이야기는 유대인의 돈에 대한 철학을 가장 극명하게 드러내고 있다. 미드라쉬(토라를 해석한 일종의 설교집)에는 다음과 같은 내용이 있다.

> 두 사람이 찾아와 서로 다른 입장의 말을 했다. 당신은 이들 가운데 어떤 사람이 바른 말을 한 것이라고 생각할 것인가? 두 사람 가운데 한 사람은 돈이 많고 또 한 명은 가진 것이 없는 가난한 사람이다. 당신은 과연 어느 편의 말을 믿을 것인가?

부자라고 해서 언제나 거짓말만 하며 살지 않고, 가난한 사람이라고 해서 언제나 올바르게 살아간다고 할 수도 없다. 물론 반대의 답변도 가능하다. 그러니 돈과 진실은 서로 상관없는 이야기라는 것이다. 따라서 돈에 대해 악하다고 무시하지도 말며 돈에 대해 큰 힘을 가졌다고 우상시하지도 말라는 것이다. 이 교훈을 모르는 자들이 얼마나 많은가.

"가난은 결코 수치가 아니지만 그렇다고 가난을 명예로운 것이라고 여기지도 마라."

동양의 지도자에게는 청빈이 가장 중요한 덕목 가운데 하나였다. 일반 사람들도 청빈까지는 아니더라도 더러운 돈에 물들어서는 안 된다고 교육해왔다. 하지만 유대인 사회에는 청빈에 대한 관념이 우리나라와 같은 동양권의 나라에서처럼 강하게 나타나지는 않는다. 그들은 앞에서 본 것처럼 돈을 선이라고도 주장하지 않지만 '돈은 우리에게 많은 기회를 제공한다'고 여기고 있는 것이다. 생활에서는 돈의 힘으로 많은 것들을 실현시킬 수가 있기 때문이다.

문학 속에서는 가난이 아름답게 표현되기도 하지만, 실제로 가난은 고통이고 괴로움이다. 또한 가난함은 설교를 통해 들으면 한없이 맑고 깨끗한 것처럼 들리지만, 실제의 우리 생활에서는 비참함일 뿐이다. 그래서 유대교에서는 가난함을 찬양하는 설교는 존재하지 않는다. 유대인들은 돈에 굴복해 찬양하는 것도 돈을 추하게 여겨서도 안 되며, 돈은 인간에게 필요한 하나의 도구일 뿐이라고 가르친다. 이처럼 유대인들은 돈이 없는 가난함을 청빈으로 찬양하는 것을 옳지 않다고 생각한다.

한편으로 이러한 사고방식으로 인해 돈을 부정적으로 사용해도 어느 정도 묵인하는 것이 유대인 사회이기도 하다. 가룟유다는 은 30냥에 자신이 섬기던 예수를 팔았다. 하지만 자신이 섬기던 랍비이

자 정신적 지주를 하루아침에 팔아치우는 것이 유대인식의 계산법인가? 그는 유대인이 아니던가?

유대인들은 기본적으로 돈에 대해 긍정적이다

> "돈이란 인정 없는 주인이기도 하지만, 기회를 주는 유익한 도우미이기도 하다."

유대인들은 디아스포라로 생활하면서 이리저리 떠돌아다녔다. 그러다 보니 자녀들이 아프거나 다쳐도 돈이 없으면 진료를 받을 수 없었다. 유대인들은 어둠 속에서 끊임없이 박해를 받으며 살아왔기 때문에 어떤 민족보다 돈의 중요성을 잘 알고 있다.

디아스포라들은 대부분 유대인만 살 수 있는 게토 지역으로 밀려났고, 땅을 가지거나 물건을 만들어 파는 것조차 법으로 금지되었다. 또한 지도자나 법이 바뀌면 살고 있던 지역이 단번에 폐쇄되기도 하는 등 언제 쫓겨날지 알 수 없는 불안 속에서 살아야만 했다. 심지어 이스라엘 땅에 거주하는 유대인들조차 전쟁의 위협으로 언젠가 쫓겨날지 모른다는 염려를 안고 살고 있을 정도였다. 그 오랜 핍박 속에서 유대인들을 지탱해준 것은 신앙과 돈이었다.

돈이 있으면 병도 고치고 먹을 것을 살 수 있으며 급할 때는 피신처를 구할 수 있었기에 그들은 오히려 돈을 긍정적으로 바라보았다. 돈 그 자체에는 아무런 성질도 책임도 없다고 본 것이다.

"돈으로는 이름도 살 수 있다."

기본적으로 유대인들은 돈에 대해 긍정적이다. 즉 돈이 많을수록 인생살이에서 다양한 것을 해볼 수 있는 기회가 좀더 많아진다는 것이다.

유럽의 유대인들이 이름과 성을 갖게 된 것은 최근의 일이다. 그 이전에는 아무개의 아들 누구라는 식으로 불렸다. 구약성경에 보면 '눈의 아들 여호수와'라든가 '암미홉의 아들 엘리사마' 같은 이름들이 계속 등장하는데, 그것은 성과 이름을 제대로 짓지 않았던 탓이었다. 이스라엘 초대 수상이던 다비드 벤구리온도 글리온의 아들 다윗이라는 뜻이다. 혹은 직업이나 거주지나 밖으로 보이는 모습 등을 이름으로 짓는 경우도 많았다.

그러다가 18세기 이후부터 오스트리아의 요셉 2세에 이어 프랑스의 나폴레옹 1세와 프러시아 정부가 잇달아 유대인을 통치하기 위해 유대인 등록부를 작성하면서 이들에게 성을 만들도록 했다. 그렇다고 해서 아무나 마음대로 좋은 이름과 성을 가질 수는 없었다. 이들을 지배한 지배국들은 유대인들을 수탈하기 위해 좋은 이름은 비싸게, 나쁜 이름은 싸게 팔았다. 좋은 이름이란 꽃과 귀금속의 뜻을 가진 로젠탈(장미), 아이젠버그(철) 등으로 비싸게 팔렸다. 반대로 월프스키(늑대)와 같은 동물 이름은 싼값에 팔렸다. 이때 생긴 이름에는 stein, berg, smith, son 등이 있다.

모든 나라에서 이렇게 돈을 받고 이름을 판 것은 아니지만 어쨌든 돈은 이름까지 살 수 있는 중요한 도구가 된 것은 사실이다. 유대인이 돈에 각별한 관심을 가진 배경은 이름까지 돈을 주고 사야 했던 과거의 슬픈 배경이 숨어 있다.

돈의 힘이란 실로 막강한 것이다

"돌처럼 굳어진 마음은 황금망치가 아니면 풀기 어렵다."

유대인들은 또 한편으로 돈을 사람의 마음을 사고 움직일 수 있는 도구로 여겼다. 야곱의 가족이 가나안 땅에서 굶주림을 견디다 못해 낯선 이집트 땅까지 와서 식량을 구할 때 돈이 없었다면 결국 그냥 굶어 죽을 수밖에 없었는데, 부자였기에 식량을 구해 목숨을 유지할 수 있었던 것이 아닌가. 이처럼 유대인들에게 있어 돈의 힘이란 실로 막강한 것이다.

"돈은 닫혀 있는 모든 문을 열 수 있다."

"가정에 돈이 넉넉하면 평화가 깃든다."

집안에 여윳돈이 있으면 가정의 평화가 지켜질 가능성이 큰 반면, 그렇지 않을 경우 가족끼리의 불편함은 물론 대외적으로도 잦은 불화가 일어날 가능성이 크다. 이것은 어느 사회에서든 마찬가지다.

유대인들은 오랜 세월 동안 돈에 대한 애정을 가지고 살아온 만큼 돈은 인간 생활의 최대 문제들 중 하나일 수밖에 없다고 솔직하게 인정하고 있다. 하지만 이런 마음이 속물적인 유대인을 낳은 것도 사실이다. 유대인이라고 해서 모두가 건실하고 신앙적일 수는 없다. 그렇기에 돈의 철학이 부정적인 사람이라면 당연히 온갖 못된 짓을 도맡아 할 수도 있는 것이다.

예를 들어 제2차 세계대전 때 중국에 아편을 댄 자본에 유대인 돈이 섞여 있었다는 소문이 나돌았고, 공산 혁명에 유대 자본이 들어갔다는 이야기도 계속 흘러나왔다. 유대인 중에서도 돈이 되는 것이라면 무엇이든 달려드는 사람들이 있다.

돈을 일부러 미워하고 멀리할 필요가 없다

"재물이 많으면 그만큼 걱정거리도 늘어나지만, 재물이 전혀 없으면 걱정거리가 더 많다."

"천석꾼은 천 가지 걱정, 만석꾼은 만 가지 걱정"이라는 말이 있지만 돈이 없으면 그보다 더 걱정할 게 많은 것이 현실이다. 기독교에서는 흔히 돈을 비롯한 물질들을 천한 것으로 여겨 소홀히 한다. 칼빈이 성경적 재무관에 대해 설파하기 전까지는 대체적으로 기독교인들은 돈이나 재물을 부정적인 시각으로 바라보았다. 이처럼 기독교가 재물을 멀리하는 분위기를 띠게 된 근본적인 이유는 "돈이 일만 악의 근원"이라는 성경 말씀 때문이다. 「디모데전서」와 「히브리서」 등에도 돈을 사랑하다가 결국 믿음에서 멀어지게 되는 것을 경고하는 구절이 있다.

반면에 유대인들은 생각이 좀 많이 다르다. 유대인들은 기독교인들에 비해 돈에 대해 좀더 긍정적이고 좀더 개방적이다. 유대인들은 기독교인들이 그렇게 생각을 하는 이유는 돈에 대해 자신감을 가지고 있지 못했기 때문이라고 말한다. 인간의 육체나 돈이 인간보다 우위에 있다고 보아 그것이 우리 인간을 지배한다고 여긴 탓으로 돈을 두려워한다는 것이다. 유대인들은 돈을 일부러 미워하고 멀리할 필요가 없다고 생각한다. 이는 자신들은 충분히 훈련이 되어 있어 돈에 끌려다니거나 돈을 우상시하지 않을 수 있다는 자신감에서 비롯된 것이다.

하지만 유대인들도 사실 많은 이들이 율법을 오히려 우상시해 예수 그리스도로부터 "독사의 자식"이라는 비판을 받지 않았던가. 돈에 대해 객관성을 지키고 자신을 절제하는 것은 결코 쉬운 일이 아니다. 그럼에도 불구하고 그것을 자신 있게 말하는 유대인들이 오히려 걱정되는 것이다.

돈의 선악은 돈을 쓰는 사람에 달렸다

"돈이란 결코 모든 것을 좋게 할 수도 없지만, 그렇다고 돈이 모든 것을 썩게 하지도 않는다."

돈이란 도구의 일종이다. 그러므로 돈이 인간 생활에서의 모든 것을 빛나게 한다든가, 혹은 돈이 모든 악의 근원이 된다고 생각하는 것은 옳지 않다. 인간에게 있어 돈은 수단일 뿐이지 목적이 아니다. 돈의 노예가 되지 말고 돈을 지배해야 한다. 지상에서 가장 강한 힘을 가지고 있는 것이 인간이다.

구약성경 「창세기」에는 하나님이 인간에게 지상의 모든 동식물을 관리하게 하는 문화명령을 내렸다는 기록이 있다. 관리하고 다스리되 보다 좋은 대상으로 만들기 위해 지상의 모든 것을 인간에게 준 것으로 기록되어 있다.

그러므로 돈도 사람이 잘 관리해야 하는 것 중 하나임에 분명하다. 하지만 사람이 돈에 끌려 다니고 돈이 우상이 되어 있는 것이 오늘날의 현실이다. 돈이란 어쨌든 사람보다는 아래에 있어야 한다.

하지만 대부분의 사람들은 그 사실을 잊고 산다.

이와 반대로 돈을 천시하고 무시하는 사람들도 있다. 이 또한 옳지 않은 행동이다. 돈이란 그 쓰임새에 따라 좋을 수도 있고 나쁠 수도 있는 것이다.

"돈은 벌기는 쉽지만 쓰기는 어렵다."

유대인들은 돈을 버는 것보다 쓰는 것이 더 어렵다고 생각한다. 돈을 잘 쓰는 방법을 익히는 데도 상당한 훈련이 필요하다. 무엇보다 돈을 잘 쓴다는 것이 무엇인지 그 정의를 정확하게 내리는 것도 쉽지 않은데다 마음속으로 정한 원칙을 잘 지켜내기도 어렵기 때문이다.

일단 기본적으로 사람이 돈의 주인이어야 한다는 생각을 가지고 있어야 한다. 돈에는 신기한 힘이 있다. 예를 들어 이 세상에 존재하는 대부분의 물건들은 사용하면서 그 가치를 알 수 있다. 하지만 돈만은 스스로 벌어보지 않고는 그 진정한 가치를 알 수 없다. 피땀 흘리며 돈을 벌어본 사람만이 진정한 돈의 가치를 알 수 있다.

유대인들은 돈을 나쁘게 생각해서는 안 된다고 여긴다. 그것은 모든 책임을 돈에게 떠맡기는 것과 같다고 생각한다. 돈이 나쁜 것이 아니라 그 돈을 소유하고 쓰는 사람에 따라 그 돈의 선악이 판가름 나는 것이다.

그렇다. 돈은 좋지도 나쁘지도 않으며, 그렇다고 모든 것을 해결해주지도 않는다. 돈이 좋게 되고 나쁘게 되고는 그 돈을 소유한 사람에게 달려 있기 때문이다. 이처럼 유대인들은 돈에 대한 균형 감각을 가지는 것이 매우 중요하다고 믿고 있다.

많은 나라 사람들은 돈을 말할 때 동그라미 모양으로 나타낸다. 유대인의 속담 중에도 "은화는 둥글기 때문에 이쪽으로 저쪽으로도 구할 수 있다"는 말이 있다.

유별나고 지나치게 돈에 집착하는 유대인들

구약성서 곳곳에서 메시아(미래에 유대인을 구원해줄 구세주)가 올 것이라는 메시아 대망사상을 가졌던 유대인들은, 스스로 하나님의 아들이라고 주장한 예수가 로마 식민치하에 있던 자신들을 구해주고 새로운 유대 왕국을 일으킬 것이라고 믿고 있었다.

하지만 예수는 유대인들이 가장 싫어하는 사마리아인들, 거지, 창녀, 환자, 가난한 이들, 그리고 유대인을 가장 많이 괴롭히던 세리(세금을 걷으러 다니는 로마의 위임을 받은 세무관리)들과 같이 앉아 밥을 먹는 모습을 보였다. 그러한 모습을 본 유대인들은 더이상 그가 메시아가 아니라고 생각하게 되었다. 더구나 그가 스스로 자신은 정치적 메시아가 아님을 밝히고 곧 죽음을 맞게 될 것임을 알려주면서 실망이 극대화되었다. 그 결과 많은 유대인들이 예수를 십자가에 못 박아 죽이는 데 찬성했고 예수의 죽음을 당연시했다.

이러한 이유로 후대에 와서 유대인은 '예수님을 죽인 범죄자'라는 대중의 인식, 특히 유럽인들에게는 가장 안 좋은 범죄자 민족이라는 인식이 강하게 뿌리박혔다. 히틀러가 유대인을 그토록 핍박하고 학살한 데도 '예수를 못 박는 데 찬성한 민족'이라는 인식이 가장 크게 작용했다. 이로 인해 유대인은 세계 각지에서 집시와 같은 최하층민 취급을 받았고, 디아스포라(이스라엘이 망한 후 고향을 떠나 각처로 흩어진 유대인들)는 곧 부랑자나 도둑, 떠돌이라는 부당한 인식을 받아왔던 것이다.

유대인은 이처럼 기독교도들은 물론이고 전 세계 거의 모든 민족들에게 멸시당하며 어디에서나 이방인 취급을 받았다. 이러한 연유로 유대인은 신앙과 자신의 뿌리를 찾고 그것을 지켜가는 공동체 의식과 돈만이 자신들을 지켜주는 요새가 될 수밖에 없었다. 이로 인해 유대인들에게는 다음과 같은 탈무드의 격언이 생겨났다.

"성경은 우리에게 빛을 주고, 돈은 우리에게 따뜻함을 안겨준다."
"부유함으로 견고한 요새를 쌓고, 빈곤은 어떻게든 탈출한다."

성경에 버금가는 것으로 '돈'이 등장한 것이다. 또한 이 격언에서 '어떻게든'이라는 표현은 수단과 방법을 가리지 않겠다는 의지를 드러낸다.

유대인들의 유별난 돈에 대한 관념은 가족들 간에도 엄격하게 돈을 관리하는 것만 봐도 잘 알 수 있다. 예를 들어 아들이 학교에 입학하면 은행에서 통장을 만들어둔다. 이 통장은 장성해 부모에게서 독립할 때나 결혼할 때 지참금과 같이 인생의 출발자금으로 쓰인다. 이처럼 유대인들은 돈에 대한 관념이 남다르다. 돈이란 악한 것도 저주도 아니며, 다만 인간을 축복하는 것일 뿐이다.

어느 랍비가 제자들에게 물었다(랍비는 스승, 지도자를 가리킨다).

"자네들 가운데 부자와 현자 중에 어느 쪽이 더 위대하다고 생각하는가?"

랍비의 제자들이 모여 이야기를 나누었지만 결론을 내리지 못하고 다시 랍비에게 물었더니 대답했다.

"그거야 현자가 더 위대하지 않을까?"

그러자 제자들이 물었다.

"그런데 왜 부잣집에는 현자와 학자들이 모두 출입하는데, 현자의 집에는 부자들이 찾아가지 않는 것일까요?"

랍비는 이를 두고 이렇게 해석했다.

"현자나 학자는 현명하므로 돈이 필요하다는 사실을 알지만, 부자는 단지 돈만 가지고 있을 뿐 현자에게 지혜를 배워야 한다는 사실을 모르고 있기 때문일 것이다."

이 명쾌한 생각이 유대인의 돈에 대한 컨셉이다. 유대인과 돈 문제를 거론하면 온갖 이설들이 난무하지만, 그럼에도 불구하고 확실한 것은 유대인들이 결코 돈을 악한 것이라고 여기지는 않는다는 사실이다.

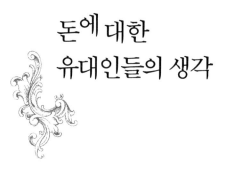

돈에 대한
유대인들의 생각

- 부자가 반드시 좋다고 할 수는 없지만, 그렇다고 빈자가 좋은 것도 아니다.
- 가난하기 때문에 바르다고 할 수 없고, 부자이기 때문에 옳지 않다고 할 수 없다.
- 돈은 착한 사람에게는 좋은 결과를, 나쁜 사람에게는 나쁜 결과를 가져다준다.
- 가난은 결코 수치가 아니지만, 그렇다고 가난을 명예롭다고 여기지도 마라.
- 돈이란 결코 모든 것을 좋게 할 수도 없지만, 그렇다고 모든 것을 썩게 하지도 않는다.

- 돈이란 인정 없는 주인이기도 하지만, 기회를 주는 유익한 도우미이기도 하다.
- 돌처럼 굳어진 마음은 황금망치가 아니면 풀기 어렵다.
- 돈은 닫혀 있는 모든 문을 열 수 있다.
- 가정에 돈이 넉넉하면 평화가 깃든다.
- 재물이 많으면 그만큼 걱정거리도 늘어나지만, 재물이 전혀 없으면 걱정거리가 더 많다.
- 의학은 가난의 고통을 제외한 모든 것들을 치료한다.
- 사람의 마음에 상처를 입히는 3가지는 번민과 불화와 비어 있는 지갑이다. 이 가운데서도 특히 큰 상처를 내는 것은 빈 지갑이다.
- 몸이란 마음에 의존하고, 마음은 지갑에 의존하기 마련이다.
- 돈이란 하나님에게서 받을 수 있는 선물을 살 수 있는 기회를 안겨준다.

돈에 대한 생각 2_
빈틈없는 돈 관리로
부를 키우다

5

돈을 무시하는 사람은 결코 돈을 벌 수 없다. 부자학연구학회 한동철 교수는 "유대인들은 한번 부자가 되면 계속 대를 이어 부자로 살아간다. 유대인들은 항상 생명의 위협을 느껴왔기 때문에 종신보험에 가입해 후세가 안전하게 충분히 교육을 받을 수 있도록 했으며, 그들은 복리의 마술을 믿고 장기투자를 해왔다"고 말했다. 유대인들은 지금도 장기 투자로 비과세 혜택을 받고 투자 수익률을 높이며, 인생설계를 확실하게 해놓고 산다. 인생에는 교육자금, 결혼자금, 주택자금, 건강자금, 은퇴자금, 비상자금 등 인생을 살아가면서 필요한 자금들이 반드시 있어야 한다.

　유대인들은 이처럼 치밀한 돈 관리를 일찍부터 시작하고 대를 이어 가르친다. 유대인은 다른 사람들이 하는 전술을 흉내내기보다는 새로운 것을 찾아 자신들만의 창의적인 전술로 일어섰다. 그들은 하드웨어를 가질 수 없었기 때문에 머리로 할 수 있는 일을 생각하고 만들어냈다. 이 장에서는 유대인들에게서 배울 수 있는 세부적인 돈 관리 전술과 전통, 소프트웨어적이고 창의적 습관 등을 살펴보기로 한다.

발상의 전환으로 돈을 불려 나간다

유대인이 창업한 기업 가운데 리먼 브러더스가 있다. 리먼 브러더스는 전 세계 은행들을 도산의 공포로 밀어넣은 서브프라임 사태의 주범으로 잘 알려져 있지만, 실제로 창업주인 유대인들은 도산하기 훨씬 전에 이미 다 팔아치워 어떠한 손해도 입지 않았다. 유대인은 이렇게 셈이 빠르다.

그런데 이 사건보다 창업 전 독일계 유대인 헨리 리먼이 1800년대에 미국에 빈손으로 이민 온 이야기가 더 흥미를 끈다. 헨리 리먼은 처음 미국에 건너와 이런 저런 상품을 들고 보따리상을 했는데, 주로 남부지역 농민들로부터 면화(목화)를 상품대금으로 받았다. 그는 면화가 돈이 될 것이라는 예지를 갖고 있었다. 그는 무섭게 면화를 긁어모아 1844년 면화상점을 열었고 1850년에 형제들과 리먼 브라더스를 세웠다.

면화는 일상생활에 반드시 필요한 상품이지만 공급이 넘치거나 모자라는 수요 상품이었다. 그는 면화를 공급이 많을 때 긁어모으고 부족할 때 남겨 팔았다. 이렇게 만든 밑천의 일부(그것도 전액 투자한 것이 아니다)를 금융산업에 투자했다. 면화에서 돈을 생각해내는 발상의 전환, 이것이 금융상품으로 돈을 벌기 시작한 미국 유대인 사업의 시초다.

탈무드에 이런 이야기가 나온다.

술이 먹고 싶었던 이반이라는 친구가 이웃의 유대인에게 1루블을 빌리려 했다. 이 러시아 친구는 유대인이 원금을 내년 봄에 돌려받는 조건으로 이자를 쳐서 2루블을 받겠다는 데도 그것을 승낙했다. 그 대신 담보로 도끼를 주면서까지 말이다.

그런데 이반이 기분 좋아 돌아가려는데 유대인이 그를 불러 세웠다.

"이반, 잠시 생각난 게 있는데 내년 봄에 2루블을 갚으려면 벅찰 테니 지금 미리 절반만 갚아두는 게 어떻겠소?"

이반은 그 이야기도 그럴 듯하다고 여겨 1루블을 유대인에게 갚았다. 그러면서 그는 고개를 갸우뚱거렸다.

"이상한 걸? 애써 빌린 1루블은 반을 미리 갚느라 없어졌고 도끼도 담보로 주었고 내년 봄에 또 1루블을 갚아야 하고…. 그렇다고 유대인의 말이 틀린 것도 아니고…. 이게 왜 이렇지?"

이 이야기에서처럼 현금을 확보하는 데 유대인들만큼 뛰어난 능력을 가진 민족은 없을 것이다. 한때 미국 대도시 과일상을 유대인들이 장악하고 있었는데, 할렘의 절도범들 사이에서는 유대인만 노리면 현금을 뺏을 수 있다는 이야기가 나올 정도였다.

내 손에 들어온 돈이 내 돈이 아니다

재물의 주인은 과연 누구인가? 대부분의 사람들은 자신이나 배우자가 돈을 버는 것이라고 생각한다. 하지만 유대인들은 일자리와 돈을 만들어준 것이 바로 여호와 하나님이라고 생각한다. 내 손에 들어온 돈이 내 돈이 아니라 여호와 하나님께서 나에게 나누어주셨다고 생각하는 것이다.

인생을 살다 보면 어떤 해에는 돈이 들어오는 것이 눈에 보이지 않을 만큼 많이 벌게 되는 경우도 있고, 또 어떤 해에는 돈이 정신없이 빠져나가서 큰 손해를 보게 되는 경우도 있다. 정말 내게 그런 일이 벌어지리라고 짐작이나 할 수 있었는가?

때로는 원치 않음에도 불구하고 어느 날 갑자기 큰 재산을 잃게 될 수도 있다. 동방의 의인 욥은 갑자기 모든 재산과 자식을 잃게 되는 인생 최대의 시련을 겪었다. 얼마나 성실하게 살았는지의 여부를 떠나 억울하게 많은 재산을 잃거나 나와 내 가족이 큰 병에 걸려 돈을 쓰게 되는 경우도 있다. 이런 일을 겪으면서 세상 사람은 "재수 없다", "마가 끼었다"고 투덜댄다. 하지만 유대인은 "혹여 내가 무슨 잘못을 저질렀지?" 혹은 "여기에 하나님의 어떤 뜻이 숨겨져 있을까?"라고 되묻는다.

그것은 주어진 재물의 소유자가 인간이 아닌 여호와 하나님이기 때문이다. 원래 내 것도 아니라고 생각한다면 없어졌거나 줄어들었다고 해서 아까워할 필요가 없을 것이다. 유대인의 재물관은 돈이 있을 때나 없을 때나 필요에 따라 공급해주는 여호와 하나님을 바라보고 기뻐하며 평안을 유지하는 것이다.

> 네 하나님 여호와를 기억하라. 그가 네게 재물 얻을 능력을 주셨음이라. 이같이 하심은 네 열조에게 맹세하신 언약을 오늘과 같이 이루려 하심이니라.
>
> 신명기 8:18

믿음을 바탕으로 헌금 생활을 즐겁게 한다

현재 전국 교회 가운데 몇몇은 헌금 시간이 없다. 누가 얼마를 냈는지 발표하지도 않는다. 헌금함이 입구에 놓여 있고 아무도 헌금에 대해 간섭하거나 강요하지 않는다. 헌금 시간에는 드린 헌금을 위해 기도하고 71장 찬송하고 끝나는 식이다. 필자의 교회도 설립 후 방침을 바꾸어 이렇게 했더니 한동안 헌금이 줄어들었다.

"○○○ 집사 십일조", "○○○ 성도 감사헌금 얼마" 등 이런 발표가 없으니 의무감이 없어졌을 것이다. 당연히 다른 사람들, 즉 목회자, 성도자들의 눈치를 보지 않으니 헌금 드리는 데 소홀해진 것이다. 주위에서는 안 그래도 경제가 어려워 헌금도 줄어드는데 왜 그렇게 하느냐고 물었다. 하지만 필자는 무릇 헌금은 이렇게 드려야 한다고 생각한다.

이것은 유대인들도 마찬가지다. 돈은 여호와 하나님이 주시는 것이므로 다른 사람의 눈치를 보며 헌금하지 말아야 한다는 생각을 가지고 있다. 여호와 하나님이 돈이 없는 분은 아니라는 것이 그들의 생각이다. 그분은 세계 제일의 부자시다. 돈이 없어 성도들이 힘들게 일해 번 돈을 되찾으러 오신 것이 아니라는 것이다.

> 관리들과 백성은 모두 즐거운 마음으로 헌금을 가지고 와서 궤가 차도록 바쳤다.
>
> 역대하 24:10

유대인은 2개의 가계부를 쓴다. 하나는 세상 사람들이 쓰는 가계부와 같은 것이고, 다른 하나는 하나님과 함께 쓰는 가계부이다. 물론 유대인들 중에도 가계부를 하나만 쓰는 사람들이 있다. 하지만 그들 가계부나 금전출납부에는 반드시 헌금란이 따로 그려져 있고, 연말이 되면 그 내용들이 가득 차게 된다.

예전에 유대인 중에서 바리사이파들의 경우에는 일주일에 두 번씩 금식하고 십일조를 철저하게 지켰다. 따라서 세무서나 회계사무

소를 뒤질 것 없이 가계부의 십일조 금액을 확인하는 것만으로도 연봉을 계산할 수 있었다. 빠뜨리지 않고 꼬박꼬박 내는 십일조에다 기부금, 또 특별한 때 내는 절기 헌금 등을 합하면 그들이 내는 헌금은 가계부를 별도로 써야 할 만큼 많은 금액이었다.

그런데 안 그래도 살기 어려운 세상에 그렇게 많은 헌금을 내고 어떻게 버텨내는가? 하지만 그들은 원래 십을 뜻하는 수입 전부가 여호와 하나님의 것이라고 생각한다. 그러니 그 중 하나를 드려도 나머지 아홉으로 충분히 살 수 있을 만큼 축복해주시는 분이 하나님이라고 믿고, 그런 믿음을 바탕으로 헌금 생활을 너무나도 즐겁게 하는 것이다.

가계부는 일반적으로 수입·지출·잔액 등의 칸을 채워 한 달에 얼마나 쓰고 얼마나 남았는지를 계산하는 것이라고 사람들은 생각한다. 지혜로운 주부는 가계부를 잘 정리해 잔액을 매달 저축할 것이고, 그렇지 못한 주부는 늘 적자 타령을 할 것이다. 이것이 일반적으로 생각하는 가계부와 저축의 역할이다. 다만 인생의 주인이 자신인 사람에게는 말이다.

반면에 유대인은 헌금을 얼마나 했고 하나님 사업의 확장을 위해 얼마나 썼는지, 그리고 자신보다 부족하고 어려운 사람을 위해 얼마나 썼는지 점검해본다. 이를 위해 별도의 가계부나 금전등록부가 있어야 할 정도다. 유대인들은 모든 재물을 자신이 풍족하게 받았든 그렇지 못하든 그 수입 자체가 하나님이 주시는 것이라는 철저한 믿음으로 산다.

또 두렵건대 네가 마음에 이르기를 내 능과 내 손의 힘으로 내가 이 재물을 얻었다 할까 하노라.
신명기 8:17

솔로몬이 주로 쓴 것으로 전해진 구약성경의 「잠언」도 유대인들의 삶의 교훈을 이해하는 데 큰 도움을 준다.

마음의 경영은 사람에게 있어도 말의 응답은 여호와께로서 나느니라.
잠언 16:1

이 말씀은 사람이 하는 일이라도 결정하시고 응답하시는 이는 여호와 하나님이심을 보여준다. 바로 다음 절에 나오는 말씀이 참으로 의미가 크다.

사람의 행위가 자기 보기에는 모두 깨끗하여도 여호와는 심령을 감찰하시느니라.
잠언 16:2

여기에서 '감찰' 이라는 말로 번역된 단어를 당시 유대인들의 히브리어로 직역해보면 '저울에 달아보다' 라는 뜻이 된다. 즉 스스로는 깨끗해 보이나 여호와께서는 그 영들을 살펴보고 계신다는 것이다. 다시 말해 사람이 정직하다고 또 하나님 일을 하고 있는 사람이라도 하나님은 그 속을 다 꿰뚫어보시고 그 영혼을 저울에 달아보듯 살펴보고 계신다는 말이다.

돈을 쓸 때 한 번 더 생각하는 유대인의 전통

유대인은 돈을 좋다고 가르치지도 않지만 나쁘다고 가르치지도 않는다. 그들은 돈을 철저히 중립적인 요소로 보면서도 사실 거래 관계와 신용 관계에서 가장 큰 비중을 두었다. 심지어 가족 간에도 소유권을 확실히 구별해왔다. 비록 형의 것이라고 해도 동생이 마음대로 들고 가서도 안 된다. 내 것과 네 것을 완전히 구분하도록 가르쳐 아이들이기 때문에 할 수 있는 실수까지도 막는다.

당연히 용돈의 개념도 우리와는 다르다. 유대인은 초등학생에게는 웬만해서 용돈을 주지 않는다. 아직 돈을 쓸 줄 모른다고 보는 것이다. 만약에 용돈을 줄 경우에는 반드시 그 돈을 어디에 쓸 것인지 계획을 세우고 부모님에게 이야기한 다음 쓰게 한다.

이를 지나친 구속이라고 볼 수도 있다. 하지만 이런 교육을 통해 돈을 쓸 때 한 번 더 생각하는 유대인의 전통이 만들어진 것이다. 그 결과 유대인은 세계에서 가장 절약하고 검소한 민족이 되었다. 자기들의 규례에서는 마흔살이 넘지 않으면 고급 모피코트를 입지 못한다. 그들은 보증을 절대 서지 않으며, 외상 구매도 하지 않는다.

그들은 시간의 흐름을 3세대 정도, 70년 앞을 내다본다. 당장 오늘 하루 살아가기 급급한 우리와는 정말 다르다. 땅을 사면 50년 이상 지난 다음에 이 땅을 이어받을 손자나 또 다른 사람을 위해 나무를 심는다.

키부츠와 같은 공동체 생활도 경제의 관점을 확실하게 익혀주는 곳이다. 어린이들은 부모의 집이 아닌 '어린이들의 집'에서 협동 생활을 하도록 한다. 일찍부터 자립심을 키워주고 공동체 생활을 통해 내 것과 네 것을 확실하게 구분할 수 있게 키운다. 이 때문에 이들은 형제까지도 경쟁상대로 여기는 풍습을 가지고 있다.

외국어는 조기교육을 시키기 때문에 이 아이들은 조금만 공부해도 기본적으로 외국어 2~3개는 능숙하게 구사할줄 안다. 이것은 그들의 경쟁력이 되고, 국제 사회에서 경쟁자를 이기는 발판이 된다. "미국 명문 아이비리그의 성적 상위 20%권은 유대인 차지"라는 말이 나올 정도로 유대인들은 미래 정치·경제의 핵심이 되어 세계 경제를 휘어잡는 것이다.

이것은 사람을 교육하여 지혜를 깨치게 하고 슬기로운 가르침을 깨닫게 하려는 것이요.   공동번역 잠언 1:2

종신보험을 통해 부를 세습한다

돈 관리에 철저한 유대인들은 어떤 재테크를 할까? 유대인들은 열심히 돈을 벌고 관리하는 것뿐만 아니라 종신보험에도 많이 들고 있다. 내세가 있다고 믿으며 독실한 유대교 신앙을 지키고, 모든 돈이 여호와 하나님으로부터 온다고 믿는 이들이 종신보험을 든다는 것은 선뜻 이해하기 어렵다.

하지만 이것은 사실이다. 유대인들은 본인뿐만 아니라 자녀에게도 종신보험을 들게 한다. 또한 이것을 세습하기 때문에 2~3대에 걸쳐 내려가면서 자녀들은 자신이 번 것보다 훨씬 많은 돈을 저축하고 관리하게 되는 것이다.

이 때문에 국내 종신보험사들이 영업할 때 유대인들의 보험 습관을 예로 들며 고객을 설득하는 경향까지 생겨버렸다. 유대인들의 경우 종신보험을 통해 부를 세습함으로써 세금도 절약하고 가문의 부도 이어갔던 것이다.

젊은 시절부터 노년을 위해 투자한다

개미와 배짱이 이야기를 떠올려보자. 젊은 시절 지혜와 부를 축적한 사람은 노후에 복을 받고, 그렇지 못한 채 배짱이처럼 놀다가 세월만 보낸 이는 춥고 배고픈 겨울을 맞게 될 것이다. 동양에는 '일촌광음불가경(一寸光陰不可輕)' 이라는 말이 있지 않은가? 세월을 아끼고 지혜를 구하는 것은 아직 젊은 사람이라면 반드시 해야 할 중요한 과제다.

랍비들은 이렇게 말한다.

"어리석은 자의 노년은 겨울이지만, 현자의 노년은 황금기다."
"자기 스스로 나이를 먹어가면서 노년기에 대비한 준비를 해간다."

인간은 누구나 늙는다. 그러므로 스스로 노년을 위한 투자와 지혜를 구하는 일에 게을리하지 말아야 한다. 젊어서 노년기를 맞이하기 위한 자기 창조를 시작하고, 자신을 갈고 닦으면 그만큼 노년이 편안해지며 젊어서부터 노인을 공경하게 된다. 노인을 공경하는 것은 주를 두려워하며 섬기는 일만큼 중요하다.

「레위기」 19장에는 이런 구절이 나온다.

"백발이 성성한 어른이 들어오면 일어서고, 나이 든 어른을 보면 그를 공경하여라. 너희의 하나님을 두려워하여라. 나는 주다."

표준새번역 레위기 19:32

유대인은 보증 서는 것을 매우 싫어한다

유대인은 가능하면 교회 안에서는 금전 거래를 하지 않는다. 동양인들은 돈이 속이는 것이지 사람이 속이는 것이 아니라고 생각한다. 반대로 유대인들은 돈이 사람을 속이는 것이 아니라 사람이 돈을 이용해 사람을 속인다고 믿는다. 사람이 환경에 짓눌리고 경제가 어려워지면서 결국 돈을 갚지 못하는 바람에 약속을 어기는 것이라고 생각한다.

따라서 유대인들은 "안 갚아도 집안 경제에 별 문제가 없을 만큼의 돈만 빌려주고 빌려준 다음에는 그 사실을 잊어버려라"라고 충고한다. 그러면 상처도 입지 않고 우정도 변하지 않는다. 원하는 만큼 빌려줄 수는 없지만 성의는 보이므로 당장은 섭섭해도 나중에는 오히려 감사하게 된다.

구제와 차용은 근본적인 의미 해석이 다르다. 구제는 그냥 주는 것이므로 두고두고 고마움을 표하게 된다. 하지만 차용은 빌려주는 것이므로 갚지 못하면 우정까지 잃게 된다.

유대인은 보증 서는 것을 매우 싫어한다. 이들은 평생에 한두 번 보증을 설까 말까 할 정도로 거의 보증을 서지 않는다. 우리나라도 이제는 법적으로 보증 서는 일이 만만치 않아졌는데, 그래도 굳이 보증을 서야 하는 상황이라면 부도가 났을 때 책임질 수 있을 만큼의 한도를 철저히 지키는 것이 좋다.

탈무드와 구약성경에서는 아예 보증을 서지 말아야 한다고 강조한다. 보증을 선다는 것은 그 자체로 이미 내 재테크 계획을 무시하고 보증 서줄 사람의 재정 환경에 내 계획을 맞추는 것이기 때문이다. 상대방의 재정 환경까지 신뢰하는 것이 아니라면 보증을 설 자격도 없는 것이다.

우리의 경우 평생을 살면서 보증 한 번 안 서본 사람은 없을 것이다. 그것을 안 하면 평생 한 번 날까 말까 한 부도 사고를 처음부터 원천봉쇄하는 것이고, 보증을 서주면 그 위험 속 한복판으로 휙 날아 들어가는 것이다. 그것을 기억하면 된다.

너는 사람으로 더불어 손을 잡지 말며 남의 빚에 보증이 되지 마라.

잠언 22 : 6

돈을 주고받는 상대를 문제시한다

"다른 사람에게 돈을 빌려줄 때에는 증인을 세우고, 적선할 때는 아무도 보지 않는 데서 하라."

"친구를 원수로 만드는 가장 좋은 방법은 돈을 빌려주는 일이다."

이는 유대인 사회에서 매우 유명한 속담이다. 유대인들은 어느 민족보다 돈을 사랑하는 민족이다. 그럼에도 돈 자체보다는 돈을 빌려주고 빌려오는 상대를 문제시한다. 돈을 빌려주거나 빌려오면 반드시 뒤탈이 날 것을 각오해야 한다는 유대인들의 생각을 잘 표현한 말이다. 친구들 사이에서 돈 거래를 하다가 우정이 깨어지고 친지들 간에도 돈 문제로 불화가 일어나므로 빌려주느니 차라리 주는 것이 낫다고 생각한다.

탈무드에는 다음과 같은 이야기가 있다.

어떤 랍비가 친구로부터 돈을 빌려야 할 형편이 되었다. 하지만 친구는 차용증서는 물론 증인까지 입회시키라는 것이었다. 랍비는 친구의 우정이 의심스러워 물었다.

"자네는 친구인 나를 그렇게도 믿지 못한단 말인가? 나는 율법 연구의 권위자일세."

친구가 말했다.

"바로 그 점이 걱정일세. 자네는 율법 연구에만 몰두해 마음이 율법에만 차 있으므로 나에게 진 빚 같은 건 잊어버릴 테니까 말일세."

"필요한 돈을 빌리는 것은 마치 가려운 곳을 긁는 것과 같다."

필자의 견문이 적은 탓인지 모르지만 세계의 수많은 교훈 가운데 차용금에 대해 이렇게 정확하게 표현한 말은 들어본 적이 없다. 사람이 피부병에 걸리면 몹시 가렵기 마련인데, 이때 손으로 긁으면 잠시 동안의 가려움은 가실지 몰라도 피부병은 더 악화된다. 손으로 긁어 느끼는 잠시 동안의 시원함을 빚을 지는 것과 같다고 비유한 이 속담은 급한 일을 빌린 돈으로 때워야 하는 서민들에게는 예리한 지적이다.

빚은 지지 않는 것이 가장 좋다. 하지만 급하게 돈이 필요할 때 서민들이 빚을 지는 것 말고 달리 어디서 돈을 융통할 수 있을 것인가? 현실적으로 유대인 사회나 우리 사회나 서민들의 삶이 고달픈 것은 마찬가지다.

돈 관리에 대한
유대인들의 생각

- 돈을 사랑하는 마음만으로는 부자가 될 수 없다. 돈이 당신을 사랑하지 않으면 안 된다.
- 지금 가지고 있는 현금을 벌 수 있는 방법은 쓰지 않는 것이다.
- 부자가 되는 유일한 방법은 내일 할 일을 오늘 해치우고, 오늘 먹어야 할 것을 내일 먹는 것이다.
- 현금은 가장 능력 있는 중개인이다.
- 좋은 수입만큼 좋은 약은 없다.
- 겨울 땔감에 필요한 돈을 여름철 한가한 때 놀면서 아무 생각 없이 낭비하지 마라.
- 빌린 돈은 어떠한 돈이건 입구는 넓고 출구는 좁기 마련이다.

- 어려워 빌릴 때 웃지 마라. 갚을 때가 되면 울게 된다.
- 돈을 빌려간 사람이 돈을 갚을 수 없다는 것을 알았을 때는 그의 근처를 배회하지 마라.
- 돈과 물건은 거저 주는 것보다는 빌려주는 편이 더 낫다.
- 모자란 인간들은 다른 사람의 수입에 신경을 쓰면서 자신의 낭비에는 신경 쓰지 않는다.
- 어리석은 자의 노년은 겨울이지만, 현자의 노년은 황금기다.
- 자기 스스로 나이를 먹어가면서 노년기에 대비한 준비를 해나가야 한다.
- 친구를 원수로 만드는 가장 좋은 방법은 돈을 빌려주는 일이다.

열정과 집념으로
인생역전을 이루어내다

6

유대인들의 '인생'은 운명적으로 주어지는 것이 아니라 개척할 대상이다. 탈무드에서는 귀하게 태어나는 인생과 천하게 태어나는 인생의 차이가 없다고 본다. 본인이 얼마나 노력하고 어떻게 살았는지가 더 중요하다고 보는 것이다. 여호와 신앙으로 뭉쳐진 그들이지만 기독교도들에 비해 훨씬 현세적이고 비염세적이다. 이들은 고난은 이겨낼 수 있는 것이며 사람의 의지와 행위도 그만큼 중요하다고 여긴다. 그래서 유대인들은 누구보다 열심히 사는 민족이다. 그들의 열정과 집념은 타의 추종을 불허한다.

　열정과 집념으로 꿈을 이룬 대표적인 유대인 영웅은 야곱이다. 야곱의 삶은 지구상의 인류를 대표한다고 할 수 있을 만큼 평범한 인생이었다. 죄를 짓고 가출해 세상에 나왔을 때 그는 패배와 좌절로 얼룩진 인생을 살아가는 연약하고 의지할 데 없는 낙제생이었다. 하지만 그는 20년간의 타향살이로 갖은 고초를 겪으면서 개과천선했다. 야곱은 여호와를 열심히 믿고 의지하면서 한편으로 열심히 부를 쌓아 많은 아들을 두고 일가를 이뤄냈다. 말도 많았고 탈도 많았던 야곱의 열두 아들 중에는 요셉처럼 이집트에서 총리를 할 정도로 번 듯한 아들도 있었다. 야곱으로부터 이스라엘의 12지파가 생겨났다. 유대인에게 야곱의 인생은 인생을 살아가는 동안 반드시 배워야 할 귀감이다.

세월은 흘러도 야곱의 집념은 계속되었다

에서는 남자답고 활동적인 인물이었다. 아버지 이삭은 거친 들판에서 목축을 하며 험한 세월을 살아가야 하는 가장으로서 장남인 에서를 신뢰했다. 에서가 사냥해온 고기를 즐겨 먹었을 정도로 에서를 사랑했다.

반면에 야곱은 조용하고 침착한 인물이었다. 어머니 리브가를 도와 집안일을 맡아 하던 야곱은 당연히 어머니의 사랑을 독차지했다. 장정들이 들끓는 집안에서 야곱은 어머니에게 한없는 위로가 되었을 것이다.

외면적으로 볼 때 에서는 야곱보다 훨씬 나은 인물이었다는 점을 생각해보자. 지금 시각으로 말하자면 에서는 남성적이고 근육질이며 털도 많고 잘생겼다. 게다가 사회활동을 활발하게 하는 멋진 남성이다. 그는 친구와 동료들이 줄줄 따라다니는 보스 기질이 가득한 사내 중의 사내였다.

그런데 에서에 비해 야곱은 얼굴이나 몸매가 남성스럽지 못했다. 야곱은 에서에 비해 비겁하고 잔꾀가 많았으며 남성적이지 못했다. 성격이 조용해 책 읽는 것을 즐기고 음악 감상을 하며 혼자 사색을 즐겼다. 그러면서도 여성들에게 아주 친절하며 요리도 잘하는, 여성성이 상당히 강한 남성이었다. 하지만 겉으로는 약해 보여도 그는 강한 열정과 욕심으로 무장한 사람이었다. 이러한 차이가 나중에 큰 변화와 인생의 향방을 결정짓게 된다.

어느 날 사냥을 나갔다 돌아온 형 에서는 배가 고파 탈진해서 쓰러질 지경이었다. 이때 동생 야곱이 마침 죽을 끓여놓고 있었다. 에서는 죽 냄새를 맡자마자 눈이 뒤집힐 정도로 배가 고파오기 시작했다. 동생에게 말했다.

"동생아, 방금 요리해놓은 그 붉은 것을 내게 좀 줘."

약삭빠른 동생 야곱은 절호의 기회를 그냥 놓칠 수 없었다.

"그래 형. 그런데 조건이 하나 있어."

"무슨 조건?"

"형이 가진 장자권을 내게 넘겨 줘. 그럼 내가 이 맛있는 죽을 형에게 다 줄게."

유대인에게 장자권이란 재산과 하나님의 축복권을 물려받는 중요한 권리다. 한 집안의 맏이가 갖게 되어 있는 권리를 감히 동생이 넘보고 있었던 것이다.

당연히 화를 내며 말도 안 되는 소리를 하느냐고 야단쳤어야 할 에서는 아무 생각 없이 죽 한 그릇에 장자권을 넘긴다. 그에게는 물질적인 것을 중요시하는 눈과 눈앞의 이익만 따지는 짧은 생각밖에 없었기 때문이다.

에서는 "내가 굶어죽게 되었는데 장자의 명분이 내게 무슨 소용이 있겠냐"며 맹세한 후에 동생에게 장자권을 넘겨버렸다. 물론 당장 달라질 것은 없었다. 에서는 장자권이 눈에 보이는 것도 아니고 나중에 그런 적 없다고 하면 그만이라고 가볍게 생각한 것이었다. 하지만 이 한 번의 거래로 에서와 동생 야곱의 운명은 크게 엇갈리게 되고, 둘은 원수가 될 정도로 심각하게 분열하게 된다.

그 일이 있은 후 어느 날 아버지 이삭이 나이가 들면서 장자 에서를 불러 사냥해 고기를 잡아 요리해오면 축복해주겠노라고 말했다. 언제 죽을지 모르니 장자에게 축복 유언을 할 참이었다. 마침 이 이야기를 엿들은 어머니가 장자권을 계약으로 뺏은 동생 야곱에게 얼른 일러준다.

"얘야. 아버지가 형 에서를 사냥터로 보냈구나. 돌아와 고기를 요리해 대접하고 나면 아버지가 형을 마음껏 축복하게 될 텐데 어쩔 거냐? 내가 일러주는 대로 하렴."

그러고는 눈이 잘 보이지 않는 아버지를 속이기 위해 야곱의 손과 팔에 염소 가죽으로 만든 가짜 털을 잔뜩 붙였다. 아버지가 야곱의 매끈매끈한 팔을 만지게 되면 에서가 아니고 야곱임이 금방 들통날 것이기 때문이었다.

야곱의 어머니 리브가는 이렇게 거짓말을 해서라도 야곱이 이 가계를 이어가기를 바랐다. 왜냐하면 에서는 남성적이고 멋있는 사내였으나 이방 족속의 딸과 마음대로 결혼해 부모의 마음을 아프게 했기 때문이었다. 이방인과의 결혼으로 얻은 자식들이 대를 이어가는 것은 결코 신앙의 양심상 허락할 수 없었던 것이다. 게다가 장자의 명분을 팥죽 한 그릇쯤으로 여기는 아들이 가계를 이을 후계자가 된다는 것은 결코 있을 수 없다고 여겼다.

리브가는 결국 야곱을 변장시켜 눈이 먼 이삭에게 고기 요리를 대접하고 야곱이 축복을 받도록 하는 일종의 사기를 멋지게 성공시켰다. 이런 사정을 모르는 아버지 이삭은 야곱이 에서인 줄 알고 마음껏 축복해주었다.

내 아들의 냄새는 여호와께서 복을 주신 들판의 냄새로다. 하나님께서 너에게 충분한 비와 좋은 땅을 주시고 넉넉한 곡식과 포도주를 주실 것이다. 나라들이 너를 섬기고, 백성들은 너에게 절할 것이다. 너는 네 형제들을 다스리고, 네 어머니의 아들들이 너에게 엎드려 절할 것이다. 너를 저주하는 사람은 저주를 받고, 너에게 복을 주는 사람은 복을 받을 것이다. 쉬운성경 창세기 27:27-29

하지만 이 사기행각이 들통나지 않을 수 없었다. 에서는 야곱을 죽여 자신의 한을 풀 작정이었다. 아버지께서 한 번 내린 축복은 되돌릴 수 없기 때문이었다. 이렇게 해서 리브가의 후원 아래 시도된 대사기극을 계기로 야곱은 정든 땅을 떠나 외삼촌이 사는 밧단아람이라는 먼 땅으로 도피하게 된다.

그렇게 먼 길을 나선 야곱은 이 여정이 무려 20년이나 걸릴 줄은 이때까지는 전혀 예상하지 못하고 있었다. 비록 사기로 인한 도피였으나 그의 집념은 이 여정이 마칠 때까지, 그리고 이집트로 가족 대이동을 할 때까지 계속되었다.

14년의 세월이 마냥 허무한 것은 아니었다

야곱은 이 여정에서 운명적으로 만난 라반의 둘째 딸 라헬을 사모하게 되었다. 야곱은 7년을 일하면 결혼 승낙을 해주겠다는 라반의 말에 묵묵히 7년간 봉사하고 승낙을 받아 결혼했다. 하지만 결혼하던 첫날 밤 그는 외삼촌이자 장인인 라반에게 멋지게 속는다. 라헬 대신 첫째 딸 레아를 맞았던 것이다. 아침에 일어나 보니 옆자리에 누운 여자는 라헬이 아닌 언니 레아였다. 자신이 형 에서를 속인 것처럼 자신도 그대로 보응을 받은 것이다.

이 사건은 사기를 치고 거짓을 행하는 자들은 반드시 하나님으로부터 벌을 받는다는 사실을 입증하는 것이다. 이는 인과응보가 아니라 하나님이 내린 벌이다.

야곱을 속인 라반은 또다시 7년을 일하면 라헬을 주겠다는 뻔뻔한 요구를 하고, 이에 야곱은 또 묵묵히 7년간 더 일을 한다. 결국 그의 인생에서 야곱은 라헬을 아내로 얻기 위해 14년 동안 무료 봉사하는 기가 막힌 인생놀음에 엮이게 되었던 것이다.

그렇지만 이 14년이 마냥 허무한 것만은 아니었다. 그 뒤편에서 보이지 않는 여호와 하나님이 그에게 무려 12명의 아들을 낳게 함으로써 장차 유대인의 대민족을 이루게 하는 시발점으로 삼으려는 원대한 계획이 숨어 있었던 것이다. 유대인은 자녀들에게 이 부분을 강조해 가르친다.

"비록 지금 그 결과가 보이지 않는다 해도 여호와 하나님이 우리 뒤에서 우리를 이끌고 가신다는 사실을 잊지 마라. 보이지 않는 도움이 너와 너의 후손과 그 후손들에게 계속될 것이다."

아직 학교도 들어가지 못한 어린 자녀에게 다음 세대, 그 다음 세대의 이야기를 들려주는 유대인들의 이러한 계대전통은 여기에서부터 시작된 것이다.

6년간 열심히 일해 엄청난 부자가 되다

아브라함과 요셉은 의도적이거나 도전적으로 부자가 된 것이 결코 아니었다. 여호와 하나님에 대한 그들의 신앙과 열정이 큰 자산이 되었던 것이다. 하지만 야곱의 성공학은 좀 다르다. 그는 아브라함이나 요셉보다 훨씬 약삭빠르고 장사꾼 기질이 강한 인물이었다. 한마디로 유대인 이미지와 가장 잘 들어맞는 인물이었다.

야곱은 14년간을 무료로 봉사만 할 사람이 아니었다. 그는 밑지고는 못 사는 성격이었다. 야곱은 자신이 사랑하던 아내 라헬에게서 열한 번째 아들 요셉을 낳자마자 장인 라반을 찾아간다.

"장인어른, 제가 그동안 봉사한 것을 기억하십니까? 고향으로 보내주시고 제게 속한 처자를 함께 보내주십시오."

라반도 사위가 들어와 자신의 재산이 크게 늘어난 것을 아는 터라 셈을 해 자산을 나누자고 말한다. 하지만 야곱은 나눠갖기를 거절하고 지금부터 키우는 양이나 염소가 얼룩이나 점이 있는 새끼를 낳으면 자기 것으로 하고 그렇지 않은 새끼는 장인 것으로 하자고 제안한다.

이것은 장인 라반에게 손해가 될 조건이 아니었다. 왜냐하면 그동안의 경험으로 봐서 얼룩이나 점이 있는 양과 염소가 태어날 확률은 그리 높지 않았기 때문이었다. 현대 생물학적으로 보자면 열성인자 쪽이니 야곱이 마이너리티를 선택한 셈이었다.

하지만 이것은 사실 신앙을 기본으로 한 도박이었다. 야곱은 14년 간 묵묵히 일하면서 사람이 할 수 있는 일에는 한계가 있고, 여호와 하나님이 하시면 못할 일이 없다는 것을 분명히 깨달았다. 이제 철이 든 야곱으로서는 어느 방법을 선택하든지 하나님이 자신에게 축복을 내릴 것이라고 확실하게 믿고 있었다. 그래서 장인 라반이 나중에 군소리하지 못하도록 일부러 불가능한 쪽을 선택해 열성인자로 부자가 되겠다는 방법을 선택한 것이었다.

결과는 놀라웠다. 낳는 새끼마다 점이 있거나 얼룩 무늬가 있었던 것이다. 혹자는 이 문제에 대해 야곱이 미리 치밀한 전략하에 점이 있거나 얼룩진 양과 염소만 교배하도록 만들었다고 주장하는 이도 있다. 사실 당시 유대 목동들의 풍습은 어미가 임신하기 직전에 본 대로 새끼를 낳는다고 믿는 풍습이 있었다. 야곱이 자신만의 계획을 통해 준비하며 하나님의 도우심을 기다렸을지도 모를 일이다. 어쨌든 이로 인해 야곱은 짧은 시간에 큰 부자가 되었다.

그가 어느 정도 부자였는지는 나중에 형 에서에게 보낸 선물의 규모를 통해 짐작할 수 있다. 그렇다면 야곱이 어느 정도 부자였을지 추산해보자.

그는 후일 고향으로 돌아가기 위해 모든 재산을 정리해 길을 떠난다. 20년 전 이미 야곱을 죽이고야 말겠다고 다짐했던 에서는 야곱을 마중 나올 때 400명의 사병을 데리고 나왔다. 그럴 것을 짐작한 야곱은 형에게 살해될까봐 실로 걱정이 되었을 것이다. 그래서 자신이 키우던 가축을 선물로 먼저 보내 에서를 달래려 했다. 「창세기」에 이 장면이 나온다.

> 야곱은 자기가 가진 것 가운데서 자기의 형 에서에게 줄 선물을 따로 골라냈다. 암염소 200마리와 숫염소 20마리, 암양 200마리와 숫양 20마리, 젖을 빨리는 낙타 30마리와 거기에 딸린 새끼들, 암소 40마리와 황소 10마리, 암나귀 20마리와 새끼 나귀 10마리였다.
>
> 표준새번역 창세기 32:13-15

앞에서도 한 재산 계산법을 여기에 적용해보자. 양 한 마리를 150달러 정도, 낙타를 1천500달러 정도, 나귀를 500달러 정도, 여기에 소 한 마리를 500만 원 정도로 환산하면 현재 돈으로 약 4억 원 정도의 가치가 나가는 가축을 형인 에서에게 선물로 보낸 것임을 알 수가 있다.

야곱이 보낸 선물의 양이 재산의 10분의 1이라고 가정하면 그의 자산은 최소 40억 원은 되었을 것이고, 그의 심복과 종들까지 모두 합하면 그의 재산은 그 이상이었을 것이라고 볼 수 있다. 재산의 20%를 보냈다 해도 그의 재산은 20억 원에 이른다. 야곱은 14년간의 무료 봉사를 하면서 자신의 재산이라고는 없었다. 하지만 6년간 열심히 일한 결과 이만한 부를 누리게 된 것이었다.

철저하게 위험을 분산시키다

야곱의 능력은 에서를 만났을 때 단연 두드러진다. 그는 자신의 형을 만나기 전에 철저하게 위험에 대비한 포트폴리오 전략을 구상했던 것이다.

> 야곱은 맨 앞에 선 종에게 지시하였다.
> "나의 형 에서가 너를 만나서 네가 뉘 집 사람이며, 어디로 가는 길이며, 네가 끌고 가는 이 짐승들이 다 누구의 것이냐고 묻거든, 너는 그에게 '이것은 모두 주인의 종 야곱의 것인데, 야곱이 그 형님 에서께 드리는 선물입니다. 야곱은 우리 뒤에 옵니다' 하고 말하여라."
> 야곱은, 둘째 떼를 몰고 떠나는 종, 셋째 떼를 몰고 떠나는 종, 나머지 떼를 몰고 떠나는 종들에게도 똑같은 말로 지시하였다.
> "너희는 에서 형님을 만나거든 그에게 똑같이 말하여야 한다. 그리고 '주인의 종 야곱은 우리 뒤에 옵니다' 하고 말하는 것을 잊지 않도록 하여라."
> 야곱이 이렇게 지시한 데는, 자기가 미리 여러 차례 보낸 선물들이 그 형 에서의 분노를 서서히 풀어 주고, 마침내 서로 만날 때에는 형이 자기를 반가이 맞아주리라는 생각을 하였다.　표준새번역 창세기 32:17-20

야곱이 하나님께 여쭙는 이 장면에서 자신이 행한 포트폴리오 전략을 털어놓는다. 포트폴리오 전략이란 현대 경제 용어 가운데 하나로 자산을 가장 유리한 방법으로 투자 · 배분하는 경제이론이다. 기대 수익이 같은 경우에는 위험 부담이 작은 종목군의 조합을 선택하고, 위험 부담이 같은 경우에는 기대 수익이 보다 큰 종목군의 조합을 구해야 한다는 내용이다. 이것은 투자할 때 자주 활용되는 기법으로 일종의 리스크 분산 기법이다.

여기서 놀라운 것은 야곱이 생존하고 활동하던 시기가 기원전 2천 년 경이었다는 점이다. 우리나라의 단군 기원이 기원전 2천333년이었다는 것을 감안한다면 이 기법이 얼마나 앞선 것이며, 얼마나 뛰어난 전략이었는지 짐작할 수 있다. 우리나라의 고구려 · 신라 · 백제가 국가개념으로 성장했을 때보다 무려 2천 년 전의 일이라는 점은 놀라운 사실이다. 그는 이 앞선 시기에 선물이자 뇌물로 형 에서의 위협에서 벗어났다. 4억 원에 가까운 가치였다면 사실 뇌물 수준이 아닌가. 야곱은 지금도 잔꾀의 대명사다.

> 뇌물은 그 임자가 보기에 보석 같은즉 그가 어디로 향하든지 형통하
> 게 하느니라.
>
> 잠언 17:8

야곱은 에서의 화를 누그러뜨리기 위해 뇌물 작전으로 위험을 분산하는 전략을 선택했다. 유대인은 야곱의 사례를 보며 은연중에 선물과 뇌물에 대한 생각을 품게 되었다. 그 생각은 탈무드를 통해 전

해오고 있다.

　"돈은 모든 문을 연다."
　"선물, 뇌물, 나눔의 힘만큼 강한 것이 없다."

　살아남기 위해 뇌물을 쓰는 전통은 후일 중세시대의 탄압이나 망명한 국가로부터의 탄압 때, 그리고 나치의 대학살인 홀로코스트 등에서 살아남은 유대인들에게로 이어졌다. 이들은 현금을 빼앗기자 몸에 숨겨지니고 있던 금이나 다이아몬드 등의 보석을 뇌물로 주고 목숨을 건졌다.
　유대인들은 자신들이 선조 야곱이 뇌물 작전 덕분에 살아남았던 사실을 기억하고 있는 것이다. 하나님을 그토록 철저히 믿으면서도 뇌물을 쓸 수 있는 민족이 유대인이다. 이 양면성을 보지 않고 유대인을 말하기는 어렵다.

신뢰와 사랑이 이끌어낸 대가족의 이민

후일 요셉이 이집트의 총리가 되었을 때 야곱은 자신에게 남은 11명의 아들에게 이미 재산을 분배했기 때문에 정작 자신이 가진 재산은 거의 없었을 것이다. 게다가 7년 동안 흉년이 들어 그 아들들에게서

조차 곡물의 소출은 기대하기 어려운 상황이었다.

땅과 가축만으로 밥을 먹고 살 수는 없으니 이들은 달리 선택의 여지가 없었다. 이집트 땅으로 가서 돈을 주고 곡식을 사올 수밖에 없었다. 야곱은 젊은 자식들이 무능하게 집에 머물러 있는 것을 보고 이들을 나무랐다.

그 때에 야곱이 애굽에 곡식이 있음을 보고 아들들에게 이르되 너희는 어찌하여 서로 바라보고만 있느냐

야곱이 또 이르되 내가 들은즉 저 애굽에 곡식이 있다 하니 너희는 그리로 가서 거기서 우리를 위하여 사오라 그러면 우리가 살고 죽지 아니하리라 하매

요셉의 형 열 사람이 애굽에서 곡식을 사려고 내려갔으나.

창세기 42:1-3

야곱의 아들들은 계속되는 가난에 견디지 못하고 멀리 이집트까지 양식을 얻기 위한 여정을 떠났던 것이다.

야곱의 아들들이 두 번이나 이집트에 가서 곡식을 사온 후에야 이들은 자신들이 버린 열한 번째 형제 요셉이 이집트 총리가 되어 있음을 알게 되었다. '이젠 죽었구나' 하는 생각으로 사색이 된 형제들을 요셉은 용서와 화해로 감싸안으며, 아버지 야곱과 가족을 모두 데려오라고 부탁한다.

야곱은 이 소식을 듣고 죽은 아들이 살아 있다는 사실을 믿지 못하다가 마침내 이집트 이민을 결심한다. 자신에게 딸린 66명의 식솔들을 데리고 팔레스티나에서 이집트로 떠나기로 한 것이다.

당시 그의 심정이 얼마나 복잡하고 괴로웠을 것인가? 할아버지 아브라함이 메소포타미아의 재산과 경륜과 친지까지 다 버려두고 이민을 와서 개척한 팔레스티나의 정착지를 다시 떠나 낯설고 물선 땅으로 옮겨가야 한다니, 그에게 있어 참으로 너무나도 괴로운 일이었을 것이다.

하지만 그는 사랑하는 아들 요셉을 만날 수 있으며, 가족들이 굶어죽지 않고 살 수 있다는 데 위안을 받았다. 게다가 그는 이제 이 모든 일에 여호와 하나님에 대한 굳은 믿음이 확실하게 생겨 어느 곳에 살든 하나님이 보호해주실 것이라는 신뢰가 그의 마음 깊숙이 자리 잡고 있었다.

이집트에 있던 요셉의 가족까지 총 70명 정도였던 야곱의 가족은 후일 수백 년 후 20세 이상 남자 어른만 60만 명이 넘는 대부족으로 성장하게 된다. 이집트를 탈출해 소위 유대인 사회의 근간을 이룬 후 가나안 땅으로 다시 돌아간 유대인들은 점차 부족단위에서 국가단위로 성장 발전하게 되었다.

야곱은 잔꾀가 많았고 심지어 사기꾼이라는 소리를 들을 정도로 부정적인 이미지로 젊은 시절을 보냈으나, 후일 여호와 신앙이 굳어지면서 변화해 이름도 이스라엘('하나님과 겨뤄 이기다'라는 뜻)로 바

꾸었다. 또한 모든 가족을 잘 다스려 이스라엘 건국의 초석을 세운 인물로 기억되었다.

야곱의 강점은 넘치는 열정과 집념, 누구도 흉내 낼 수 없는 근성이 있다는 점이었다. 초창기에 많은 실수를 했던 그였으나 여호와 신앙이 뒷받침되면서 유대 민족의 빛나는 선조로 기억된 것이다.

가지 많은 나무에 바람 잘 날 없다

야곱은 이집트에서 자신의 열한 번째 아들 요셉 총리를 만나 눈물과 감격으로 해후하고 파라오에게 자신을 이렇게 소개했다.

> 요셉은 아버지 야곱을 모시고 와서, 바로를 만나게 하였다. 야곱이 바로를 축복하고 나니, 바로가 야곱에게 말하였다.
> "노인께서는 연세가 어떻게 되시오?"
> 야곱이 바로에게 대답하였다.
> "이 세상을 떠돌아다닌 햇수가 백 년 하고도 삼십 년입니다. 저의 조상들이 세상을 떠돌던 햇수에 비하면, 제가 누린 햇수는 얼마 되지 않지만, 험악한 세월을 보냈습니다."
> 야곱이 다시 바로에게 축복하고, 그 앞에서 물러났다.

표준새번역 창세기 47:7-10

여기서 야곱이 말한 '험악한 세월' 이라는 말은 그의 인생이 얼마나 고달프고 힘들었던 여정이었는지를 대변해준다. 야곱은 자신의 형에게 사기를 쳐서 장자권을 빼앗았고, 그로 인해 20년의 타향살이를 해야 했다. 그 기간 동안 장인에게 사기를 당해 14년간이나 무보수로 일해야 했고, 4명의 아내 사이에서 심각한 불화를 겪어야만 했다. 또한 가장 아끼던 아내 라헬과는 막내 베냐민을 낳은 후에 사별하고 말았다. 앞에서 언급하지는 않았지만 야곱은 자신의 딸 디나가 히위족의 세겜에게 성폭행을 당하는 아픔까지도 맛보았다. 그의 아들 시므온과 레위가 복수하면서 그 성읍의 남자들을 모조리 죽여 주변 부족들에게 상대 못할 족속이라는 비난을 받기도 했다.

야곱은 자신이 형의 장자권을 빼앗아버렸듯이 맏아들 르우벤의 장자권을 빼앗아버린다. 르우벤이 아버지 야곱의 여인 빌하와 정을 통했기 때문이었다. 넷째 아들 유다는 자식 둘을 먼저 저 세상으로 보내고, 자신의 며느리와의 사이에서 아들을 낳는 파렴치한 일을 벌이기도 했다.

앞에서 언급한 시므온과 레위는 지나치게 성정이 급하고 행동이 앞선 인물들이라 야곱이 스스로 그들에게 이르기를 "그들의 칼은 폭력의 도구로다. 내 혼아, 그들의 모의에 상관하지 말지어다. 내 영광아, 그들의 집회에 참여하지 말지어다. 그들이 그들의 분노대로 사람을 죽이고, 그들의 혈기대로 소의 발목 힘줄을 끊었음이로다. 그 노여움이 혹독하니 저주를 받을 것이요, 분기가 맹렬하니 저주를 받을 것이라. 내가 그들을 야곱 중에서 나누며 이스라엘 중에서 흩으리로다"(창세기 49:1-7)라고까지 저주하며 싫어한 기색을 노골적으로 나타내기도 했다.

야곱은 열한 번째 아들인 요셉과는 어려서 헤어지고, 나머지 자식들은 마음에 차지 않아 어디 한군데 정을 붙이지 못하고 실망에 실망을 거듭했던 것이다. 실로 바람 잘 날이 없었던 인생이었다. 그럼에도 유대인들은 야곱이 이 말썽 많은 식솔들을 거느리며 무사히 가계를 안정시킨 점에 초점을 둔다. 이것이야말로 현대에서 보는 '가족 경영의 리더십'이라는 것이다.

야곱이었기 때문에 70인의 대가족이 일으키는 여러 문제에도 불구하고 함께 똘똘 뭉쳐 외부의 적이나 환란과 싸워 이길 수 있었으며, 기근과 외적과 흉년을 무난히 극복해냈다고 믿는다. 유대인이 그 어느 민족보다 패밀리 비즈니스에 강한 점은 야곱의 리더십을 잘 이해하고 배웠기 때문이다. 야곱이 있었기에 전 세계 경제계에 이름을 날리고 있는 로스차일드 가, 록펠러, 골드만삭스, 찰스 슈왑이 탄생한 것 아닌가. 유대인들은 세계를 주름잡는 재계의 패밀리들을 보며 야곱의 패밀리 비즈니스를 떠올리는 것이다.

열정과 집념에 대한
유대인들의 생각

- 나태한 자의 좋은 두뇌는 마치 눈먼 사람의 손에 들린 등불과 같다. 쓸모없는 짐일 뿐이다.
- 나태한 젊은이는 나중에 불평만 하는 부모가 될 뿐이다.
- 인간이 환경에 따라 명예가 높아지는 것이 아니라, 인간이 환경의 명예를 높이는 것이다.
- 비록 지금 그 결과가 보이지 않는다 해도 여호와 하나님이 우리 뒤에서 우리를 이끌고 가신다는 사실을 잊지 마라.
- 장미꽃은 가시 틈에서 자란다.
- 나무는 열매로 평가되고, 사람은 업적으로 평가된다.
- 행동은 말보다 목소리가 크다.

- 이제 열리기 시작한 오이를 보고 다 자란 뒤의 맛을 속단하지 마라.
- 사람은 최악의 상태에서도 희망을 잃어서는 안 된다. 나쁜 일이 좋은 일로 바뀔 수도 있다는 사실을 믿어야 한다.
- 사람은 육체만 가지고는 아무것도 해낼 수 없으며, 정신만 가지고도 아무것도 해내지 못한다. 육체와 정신이 힘을 합쳐야 좋은 일이건 나쁜 일이건 할 수가 있다.
- 최악의 상태에 있을지라도 행복한 것처럼 생활하라. 이윽고 참된 기쁨이 찾아올 것이다.
- 빼앗긴 고지야 다시 되찾으면 되지만, 사령관이 용기를 잃으면 어떻게 하겠는가.
- 어두워지면 인간은 빛을 갈망하기 마련이다.
- 시계는 일어날 시간을 알기 위해 써야지, 잠잘 시간을 알기 위해서 써서는 안 된다.

7

지혜와 분별로
세상을 바꾸는
리더가 되다

빌 게이츠가 세계 최고 부자라는 데 이의를 제기하는 사람은 없을 것이다. 그에 못지않게 솔로몬도 유명한 부자 중 한 사람이다. 솔로몬은 지금껏 기록되어 있는 역사상 가장 큰 부자였다. 그리고 솔로몬 왕은 지혜의 상징으로도 유명하다. 유대인들이 가장 바라는 것이 바로 돈과 지혜이니 솔로몬 왕이야말로 유대인들의 위인으로 최적격일 수밖에 없다 하겠다.

하지만 솔로몬의 이러한 영광이 처음부터 준비되어 있지는 않았다. 솔로몬은 왕위에 오를 확률이 가장 낮은 왕자 가운데 한 명이었다. 게다가 솔로몬은 다윗이 불륜을 통해 얻은 아들이었다. 도덕적으로도 서열상으로도 왕위에 오르기 어려웠던 솔로몬이 다윗의 뒤를 이어 세계에서 가장 부자인 왕으로 성공할 수 있었던 비결은 과연 무엇일까?

모든 일에 순서와 준비, 분별을 세우다

통일 이스라엘이 존재한 시기는 역사상으로 겨우 120년뿐이었다. 이집트 메소포타미아 지역 모두가 왕을 중심으로 한 전제주의 국가가 형성되어 있을 때, 히브리족은 아직 부족국가의 형태를 벗어나지 못하고 있었다.

여호와는 히브리족의 지도자들에게 신탁을 통해 직접 나라를 다스리는 신정국가 형태를 취하고 있었으나, 히브리족의 강력한 요구로 최초의 왕인 사울을 뽑았다. 이 통일왕국의 최초 왕인 사울은 40년간 통치하면서 블레셋족(팔레스타인에 사는 족속) 등 주변 국가들과의 잦은 전쟁에 시달려야 했다. 이스라엘 주변의 강국들은 쉬지 않고 외지에서 온 유대인들을 괴롭혔다. 신앙도 다르고 삶의 형태도 너무 달랐기 때문에 이들과 함께 산다는 것을 인정하지 않았던 것이다.

이렇게 늘 침략에 시달리는 열악한 상황에 구세주처럼 등장한 인물이 다윗이었다. 다윗은 3미터에 가까운 블레셋족의 장군 골리앗을 물맷돌로 간단히 해치우고 영웅이 되었다. 그는 전사한 사울의 뒤를 이어 40년간 통치하면서 전쟁을 종식시키고, 이스라엘에 평화를 가져다주었다.

왕위를 물려받은 솔로몬은 이후 40년간을 다스렸으나 그가 죽으면서 나라는 쪼개지고 말았다. 하지만 그가 다스리던 시절의 이스라엘은 주변국에서 넘보지 못할 강국이자 부국으로 성장했다. 강력한 통치력과 리더십, 그리고 탁월한 경영방식으로 성공적인 국가 경영을 이루어낸 것이다.

솔로몬은 처음 왕의 자리에 올랐을 때 여호와께 이렇게 기도했다.

"주 여호와 하나님, 당신께서 아비 다윗을 대신해 왕이 되게 하셨으나 저는 아직 연소하고 부족합니다. 주의 백성은 수효가 많아 셀 수도 없고 기록할 수도 없사오니, 누가 주의 이 많은 백성을 재판할 수 있겠습니까. 지혜로운 마음을 종에게 주셔서 주의 백성을 재판해 선악을 분별하게 하옵소서."

다윗의 아들 솔로몬이 하나님께 대단히 큰 규모의 1천 번 제로 드린 후 여호와께 지혜를 달라고 구한 것이다. 이로 인해 솔로몬은 지혜의 상징처럼 알려졌고, 그가 행한 유명한 재판의 내용은 그 지혜가 하나님으로부터 온 것임을 알게 했다. 그 내용은 널리 알려진 대로 다음과 같다.

비슷한 시기에 해산한 두 창기가 있었다. 그런데 실수로 한 여인이 자기 아들을 깔아 죽게 한 후 함께 출생한 옆의 아기와 살짝 바꿔치기 한 일이 일어났다. 두 여인은 남은 아이가 서로 자기 아이라고 주장해 송사가 붙었다. 이때 솔로몬은 아이를 반으로 나눠 각기 절반씩 주라고 재판한다. 그러자 한 여인이 다급하게 외친다.

"제발 아이를 죽이지 말고 저 여인에게 주세요."

솔로몬은 바로 이렇게 말한 여인이 생모라고 판결했다. 모정을 시험해 알아낸 것이다.

표준새번역 열왕기상 3:16-28 요약

실로 자신의 부나 명예, 장수하는 삶을 초월해 백성을 생각하는 지혜를 구하는 솔로몬의 모습은 하나님을 기쁘게 했다. 솔로몬이 말년에 이르렀을 때 다른 나라의 왕들과 스바의 여왕이 그의 지혜와 능력을 얻기 위해 그를 직접 방문했을 정도로 그의 지혜로움은 당시에도 유명했다.

또한 솔로몬은 부친인 다윗의 뒤를 이어 하나님의 전(殿)을 건축했다. 7년에 걸쳐 건축한 솔로몬의 성전은 레바논의 백향목과 잣나무 재목, 그리고 크고 귀한 돌들을 떠다가 다듬어 정성스럽게 만들었고 내부를 정금으로 입혔다. 이 전을 건축할 때에도 그는 하나님께서 주신 지혜대로 행동해 애초에 계획했던 대로 모든 일이 순조롭게 마무리되었다.

여호와 하나님의 지혜를 받은 리더인 솔로몬은 일을 할 때 순서와 준비, 그리고 분별을 세워가며 많은 사람과 뜻을 모아 진행했다. 거기에는 억지와 강제와 억압이 없었으며, 오직 사람을 살리는 생명과 하나님의 영광만이 나타났다. 솔로몬은 큰 지혜로 많은 일들을 성공적으로 성사시키며 이스라엘 백성들을 다스리다가 40년 만에 눈을 감았다.

열심히 벌어서 꼭 써야 할 곳에 써라

솔로몬은 다윗의 열한 번째 아들이다. 왕위 계승은 꿈도 꾸기 어려운 신세였다. 하지만 기적적으로(유대인들 시각으로는 여호와의 은혜로) 다윗의 지명을 받아 왕위에 올랐다. 솔로몬의 지혜로움은 의심할 필요가 없다. 하지만 단지 그가 다른 왕자보다 지혜로웠기 때문에 왕이 될 수 있었던 것일까?

성경은 여기에 대해 어떤 해답도 주지 않는다. 하지만 유대인은 끊임없이 '왜'라고 묻는 민족이다. 그래서 탈무드 연구자들은 이 부분을 솔로몬이 인간적 매력이 뛰어난 인물이라는 점과 여호와의 뜻이 그에게 있었다고 생각하게 되었다. 즉 아무리 악한 왕과 지도자라도 그들의 등극에는 여호와의 깊은 뜻이 숨어 있고, 여건이 안되는 솔로몬 같은 왕자의 경우라도 여호와의 결정에 따라 등극하게 되었다고 말이다.

우여곡절 끝에 왕위에 오른 솔로몬은 부에 대한 관점이 남달랐다. 우선 부를 쓸 만한 곳에 써야 한다는 의식을 갖고 있었다. 그는 다윗 왕이 건축하지 못한 하나님의 성전을 건축하는 데 목표를 두었다.

그가 왕위에 등극한 때는 이스라엘 통일왕국이 80년에 이르러 나라가 부강하고 백성들도 부유하게 살고 있었다. 그러다 보니 그 부를 바탕으로 솔로몬은 더 큰 부를 쌓을 수 있었다. 그 방법은 바로 조공무역과 해상무역이었다. 솔로몬은 주변국과는 물론 좀더 멀리

나가 해상무역을 시도했다. 스바 여왕은 솔로몬이 지혜가 뛰어나고 국력이 막강하다는 소문을 확인하고, 무역을 열기 위해 직접 이스라엘을 방문했다.

스바는 아라비아 남서쪽 지역으로 오늘날의 예멘에 해당하는 나라다. 스바의 무역상인들은 황금과 보석, 향료와 유향 등의 상품을 들고 인도와 아프리카 지역을 왕래하다가 이스라엘과 교역하게 된 것이었다.

이 지역은 남아라비아 사막에 가로 막혀 있어 이방민족들이 함부로 사막을 횡단해 공격하기 힘든 곳이었다. 스바는 이를 이용해 부를 쌓아 큰 부자나라가 되어 있었다. 솔로몬은 직접 스바 여왕을 만나 대화를 나누고 답례를 하는 한편, 무역을 통해 서로의 이익을 구하도록 지시했다.

이때 스바 여왕은 우호의 표시로 금 120달란트를 가져온 것으로 기록되어 있다. 당시 구약시대에는 금 약 34kg이 1달란트였으므로, 스바 여왕이 가져온 금은 무려 4톤이 넘는 대단한 양이었음을 알 수 있다. 금 1g에 4만 원쯤으로 어림잡아도 금 4톤이면 대략 400만g이니 무려 1천600억 원이나 되는 가치다. 물론 사금 생산 등 생산량이 많았고, 금 가치가 지금처럼 치솟지는 않았을 것이다. 하지만 스바 여왕이 그 정도로 큰 규모의 조공무역을 한 나라가 이스라엘이었고, 그 왕좌에 솔로몬이 앉아 있었다는 점을 주시해야 한다.

이러한 기록들이 증거로 남아 있기 때문에 서양에서는 지상 최대의 부자가 솔로몬이었다는 사실을 누구나 인정하고 이를 부인하지 않는 것이다. 유대인들은 과거 이스라엘 영화를 이야기할 때 반드시 솔로몬 이야기를 빠뜨리지 않는다.

또한 솔로몬 왕은 이집트 왕인 파라오를 통해 해상무역을 다양하게 펼칠 수 있었기에 다양한 나라에서 진귀한 물건들을 다량으로 수입해오기도 했다. 「역대하」 9장에는 솔로몬의 연간 수입이 일정액을 거둬들이는 세금과 사막을 횡단하는 대상들에게 받는 통행세를 제외하고도 금 666달란트나 되었다고 기록되어 있다. 게다가 그의 왕좌는 상아와 금으로 장식되어 있고, 3년마다 상선을 보내 금, 은, 상아, 원숭이, 공작 등을 외국에서 수입했던 것으로 알려졌다.

왜 주변국들이 이스라엘에 조공을 바쳐야 했을까? 그것은 이스라엘의 지정학적 위치 때문이었다. 메소포타미아 문명과 이집트 문명이 상충하는 위치가 바로 이스라엘 땅이다. 아시리아 · 바빌론 · 페르시아 문명이 이집트로 진출하거나 이집트와 프톨레마이오스 문명이 중근동으로 진출하려면 반드시 이스라엘을 지나쳐야 한다. 지중해를 끼고 있기에 항해를 하고 들어올 때도 이스라엘의 항구들은 중요한 전략적 위치를 차지하고 있다. 이스라엘은 힘이 약하면 양쪽 문명에 조공을 해야 하지만 힘이 강하면 양쪽의 문명과 주변국이 조공하지 않으면 안 되는 위치에 있었던 것이다. 당시 이스라엘은 당연히 조공을 받으며 부자나라가 되었다.

이 정도로 부자였던 그는 당시 중동 주변에서 가장 부자 군주였던 것이 분명하다. 율 브린너가 주연한 〈솔로몬과 시바의 여왕〉이라는 영화에서는 그의 부를 짐작하게 하는 사치스러운 궁전의 장면들이 나오기도 한다.

한편 그는 벌어들인 돈을 함부로 쓰지 않고 꼭 필요한 곳에 쓰도록 지시했다. 그는 직접 정치에 관여하는 동안 솔로몬 성전을 건축했다. 이스라엘의 성전은 지금까지 총 3개가 건축되었는데, 그 중 하나가 기원전 960년경 솔로몬이 세운 것이다. 여호와 신앙을 근간으로 하는 유대인들에게 성전은 그들의 모태이며, 정신적이고 종교적인 고향인 것이다.

솔로몬은 넘쳐나는 국고를 성전 건축에 투입했는데 7년간 가장 화려하게 지었다고 한다. 이 지상 최대의 성전에 정금 600달란트(약 8천억 원)가 투입되었다. 러시아의 붉은 광장에서 보는 번쩍이는 망루의 건물은 저리 가라 할 정도의 온통 번쩍이는 금으로 건물을 지은 것이었다.

하지만 이 성전은 기원전 587년에 예루살렘을 침략한 바빌론에 의해 완전히 파괴되었다. 두 번째 성전은 후일 포로 시절 페르시아 왕의 허락을 받아 지은 스룹바벨 성전이고, 그 다음이 예수님 시절의 헤롯 성전이었으니, 솔로몬 성전이 그 시초가 된 것이다.

또한 솔로몬은 왕권 강화를 위해 13년간 왕궁 건축을 계속하게 했고, 외교와 조공무역을 강화했다. 이와 함께 20개 성읍을 재건축해 도시를 정비하고 도로를 건설했다. 무역 규모가 커지면 물류 수송에

막힘이 없어야 했다. 당연히 전국적인 도로망 확충과 재건축 붐이 일어났고, 백성들도 급료를 받으며 많은 부를 축적할 수 있었다.

모든 일에 때가 있음을 알아야 한다

솔로몬은 평생 수많은 「잠언」을 썼다. 「잠언」은 지혜롭게 사는 법을 가르치는 책이다. 「잠언」은 탈무드 이상으로 수많은 사람들에게 여호와 하나님의 신앙과 삶의 자세를 가르쳤다. 잠언은 히브리어로 '마샬'이라고 불리는데, 이 말은 '경계의 말씀'이라는 뜻이다. 솔로몬은 평생 3천 편 이상의 잠언을 썼는데, 후대의 히스기야 왕 때 편집자들이 추려 잠언집을 만들었다는 기록이 있다(잠언 25장 참고).

히스기야 왕이 기원전 715년부터 686년에 살았던 것으로 알려져 있으므로, 잠언은 솔로몬 생전에 구전으로나 임시 기록으로 여기 저기 남아 있다가 이때 편집되어 후대에 전해진 것으로 보인다. 이 기록에서 솔로몬은 청년들에게 자신의 경험을 통해 순종과 믿음, 지혜와 경륜을 배울 것과 여호와 하나님에 대한 신앙으로 돌아올 것을 가르쳤다.

구약성경의 전도서 역시 그가 쓴 것으로 알려져 있다(물론 탈무드에는 히스기야와 그의 동료들이 전도서를 집필했다는 기록이 있어 좀 헷갈리기는 하지만 대부분의 학자들은 전도서 역시 솔로몬이 저자라고 인정하고 있다). 이 기록을 보면 솔로몬은 천하의 모든 일이 때가 있음을 알아야 한다고 역설했다.

범사에 기한이 있고 천하 만사가 다 때가 있나니 날 때가 있고 죽을 때가 있으며 심을 때가 있고 심은 것을 뽑을 때가 있으며, 죽일 때가 있고 치료할 때가 있으며 헐 때가 있고 세울 때가 있으며, 울 때가 있고 웃을 때가 있으며 슬퍼할 때가 있고 춤출 때가 있으며, 돌을 던져버릴 때가 있고 돌을 거둘 때가 있으며 안을 때가 있고 안는 일을 멀리할 때가 있으며, 찾을 때가 있고 잃을 때가 있으며 지킬 때가 있고 버릴 때가 있으며, 찢을 때가 있고 꿰맬 때가 있으며 잠잠할 때가 있고 말할 때가 있으며, 사랑할 때가 있고 미워할 때가 있으며 전쟁할 때가 있고 평화할 때가 있느니라. 일하는 자가 그의 수고로 말미암아 무슨 이익이 있으랴. 하나님이 인생들에게 노고를 주사 애쓰게 하신 것을 내가 보았노라.

전도서 3:1-8

헐 때가 있고 세울 때가 있다고 해서 솔로몬이 왕궁과 성전과 많은 성읍을 건축한 것까지는 좋았다. 그는 살아 있는 동안 큰 실수를 저지르지는 않았으나 후궁을 제대로 관리하지 못했다. 무려 1천 명의 후궁을 들여와 궁전 안에 이방신전을 세우게 한 것은 신앙의 관점에서 보자면 큰 잘못이었다.

이에 여호와는 크게 분노해 그를 나무라고 이스라엘을 결국 둘로 쪼개버렸다. 통일 이스라엘은 결국 솔로몬까지만 존재했고, 이후에는 오랜 기간 싸우고 서로를 미워했다.

이 결과를 짐작하기라도 하듯 솔로몬은 「전도서」에서 "전도자가 이르되 헛되고 헛되며 헛되고 헛되니 모든 것이 헛되도다(전 1:2)"라고 고백하고 있는 것이다. 이 다섯 번의 '헛되다'는 고백이야말로 인생의 허무함을 말해주는 것이고, 인생무상과 함께 인간은 결국 창조주에 기댈 수밖에 없는 존재라는 교훈을 담고 있는 것이다.

솔로몬에 대한 유대인들의 다양한 평가

유대인이 가장 바라고 갖고 싶어한 것은 돈과 지혜였다. 특히 솔로몬과 같은 지혜를 갖기 원한다. 하지만 유대인들은 솔로몬이 과연 성공한 왕이었는가에 대해서는 다양한 해석들이 있다.

세속적인 유대인들은 솔로몬이야말로 세상에서 가장 위대하고 지혜로운 왕이라고 여긴다. 또한 세상에서 가장 큰 부자였다고 믿는다. 유대인들은 모세 이후 솔로몬이 통일왕국 이스라엘을 중근동 지방에서 가장 강한 나라로 만들었던 인물로 생각하며 가장 본받아야 할 위인으로 여기고 있다.

솔로몬은 인적 네트워크가 누구보다 강했다. 사실 따지고 보면 솔로몬의 등극한 데는 원로그룹과 나단 선지자, 제사장 사독, 다윗의 친위대장, 그리고 어머니 밧세바 등의 지원이 큰 힘이 되었다. 그들이 한결같이 솔로몬을 적극적으로 지원했기 때문에 왕으로 등극할 수 있었다. 한마디로 솔로몬은 인적 네트워크와 인간미가 괜찮은 사람이었다는 것이다. 게다가 그는 이스라엘을 주변국과 확실하게 국력 차이가 나는 나라로 만들어낸 인물이었다.

솔로몬은 정략결혼과 조공무역 등을 통해 베니게(Phoenicia), 아랍, 수리아, 이집트 등과 무역체계를 갖추고 왕성한 활동으로 돈을 벌어들였다. 베니게를 통해서는 지중해를 근간으로 한 광역 해상무역을, 홍해 근처에서는 조선사업을, 걸프만에서는 솔로몬의 동광제련소를 건립하는 등 활발한 국제공조사업을 벌였다. 또한 그는 수많은 건축사업과 대규모 토목사업을 펼쳤다.

이런 점이 나라를 부강하게 하고 주변국들의 부러움을 사게 된 것은 주지의 사실이다. 유대인들은 이러한 솔로몬의 부자나라 만들기 사업과 그의 리더십을 본받아야 한다고 외치고 있다.

한편 독실한 유대인 종교지도자들은 솔로몬이야말로 타락한 군주상의 전형을 보여주었다며, 그를 타산지석으로 삼아야 한다고 말한다. 그는 말년에 「잠언」과 「전도서」 등을 남겼다. 하지만 한창 활동할 때는 여호와보다 자신을 더 앞세우고, 한편으로 자신의 실력과 국력을 더 믿었다는 흔적이 성경 곳곳에서 나타난다.

예를 들어 솔로몬은 1천400대의 전차부대와 1만 2천 명의 기병대를 가진 최고의 친위부대를 거느리고 있었다. 다윗이 이보다 훨씬 적은 규모의 경호부대를 거느렸던 것과 비교하면 솔로몬은 여호와 신보다 자신의 근위부대를 더 믿었다는 증거라고 유대인 종교지도 자들은 말한다.

그에 대한 반감은 12지파의 관리 방식 때문에 더 커지게 되었다. 솔로몬은 기존 왕들이 해오던 기본적인 조세정책(성전과 왕궁 보존을 위한 최소한의 조세수입)에서 벗어나 12지파에 적극적인 실력 행사를 통해 세금을 거두어들였다. 12지파 입장에서는 과거 왕과 거의 동등 하거나 후원자 입장이던 것에서 이제는 노예처럼 일하며 돈까지 내 야 하는 이중고를 겪게 된 것을 비판하고 나섰다. 그들 입장에서는 솔로몬의 경제와 조세정책이 지나치고 공정하지 못하다고 본 것이 었다.

게다가 군주와 12부족의 관계가 느슨한 협업체계이던 것에서 솔 로몬 등극 이후 직선적 종속체제로 변화하게 되었다는 점이 반감을 재촉하고 있었다. 즉 솔로몬은 전제적 왕권정치를 통해 강력한 군주 중심의 국가체제를 형성하려 했기에 그만큼 12지파의 반발도 컸던 것이다.

또한 후궁과 시녀를 1천 명이나 두고, 이방신을 궁 안에 끌어들인 치욕의 정책을 펼쳤다는 비판도 하고 있다. 이러한 과오가 있으니 비록 나중에 후회하고 회개했을지언정 나라를 둘로 쪼갠 가장 세속 적인 왕이었다는 비판을 받는 것이다.

지금의 시각으로 보면 솔로몬은 성공한 무역업자이자 CEO였다.

하지만 종교적 입장에서 보자면 그는 너무나 세상에 물들어버린 세속주의자일 뿐이다. 언약의 도적적 · 영적 수준에서 그를 실패자였다고 보는 것이다. 다음 성경의 내용이 그를 입증해주고 있다.

솔로몬이 늙으니, 그 아내들이 솔로몬을 꾀어서, 다른 신들을 따르게 하였다. 그래서 솔로몬은, 자기의 주 하나님께 그의 아버지 다윗만큼은 완전하지 못하였다.   표준새번역 열왕기상 11:4

지혜와 분별에 대한
유대인들의 생각

- 임금은 나라를 다스리지만, 현인은 임금을 다스린다.

- 현인은 돈의 위력을 알지만, 부자는 지혜의 위력을 모른다. 그렇기 때문에 현인이 더 위대하다.

- 지혜로운 자는 빵을 나눌 때 10번씩이나 생각하고 나누지만, 우매한 자는 10번을 나누어도 한 번도 생각하지 않는다.

- 우유 나무에서 사과를 따려 하지 마라.

- 이미 좋은 지도자가 있거든 지도자가 되려고 하지 마라. 그러나 좋은 지도자가 없는 곳에서는 자신감 있는 지도자가 되기 위해 노력하라.

- 말은 수레를 끈다. 소도 수레를 끌 수 있다. 그러나 말과 소를 한 수레에 매어 끌게 해서는 안 된다.

- 지혜로운 사람은 이 세상에 밝은 빛을 뿌린다.

- 행운이 찾아오는 데는 지혜가 필요하지 않다. 그러나 행운을 붙잡을 때에는 지혜가 필요하다.

- 지혜가 없는 사람에게 행운이 깃드는 것은 구멍 뚫린 자루에 가루를 담아서 짊어진 것과 같다.

- 머리는 결국 맹목적인 꼬리로 인해 죽고 만다. 지도자는 언제나 꼬리와 같은 자가 아닌, 머리를 선택해야 한다.

- 그 사람이 몇 해를 살다 갔는지가 중요한 것이 아니라 얼마만큼의 업적을 남겼느냐가 중요하다.

- 만나는 모든 사람에게서 무언가를 배우는 사람이 가장 현명한 사람이다.

- 강한 사람이란 적을 친구로 만들 수 있는 사람이다.

- 항아리를 보지 말고 그 안에 들어 있는 내용물을 보라.

8

치밀한 상술로
비즈니스의
승자가 되다

유대인 사회 안에서는 "요즘 사람들이 이제 더이상 신본주의 시대 선조들의 관습을 계승하지 않는다"는 불평이 흘러나온다. 예수 생존 당시의 바리사이파적인 믿음도 사라지고, 신보다는 돈을 더 중시하는 유대인들로 변화하고 있기 때문이다

　유대인들은 사실 10~11세기부터 철저하게 생존을 위해 신본주의와 자본주의를 절묘하게 결합했다. 유대인들은 전 세계의 상권을 휘어잡기 시작해 심지어 동시대 가장 보수적이고 유교적인 중국에까지 유대인 사회가 형성되었다. 마르코 폴로조차 『동방견문록』에서 "중국 콰이펑(개봉부)에 유대인 사회가 있는데 크게 번창하고 있다는 이야기를 들었다"고 언급한 바 있다. 이 시기가 빠르면 6~7세기 정도니 유대인의 세계 진출 역사는 고대사에서 필히 규명하고 연구해야 할 숙제가 되고 있다.

　이제 더 이상 그들은 약자로 존재하지 않았다. 국제무역이 번창하

고 사회에서 경제력이 얼마나 중요한 것인지를 깨닫게 되면서 유대인은 재계의 전면에 나서기 시작했다. 또한 그들은 탁월하고도 치밀해 경쟁자들이 그들의 핵심 상술을 당해낼 수 없게 되었다.

파레토의 법칙보다 앞선 22 대 78의 법칙

20대 80의 원칙은 현대 마케팅과 경영기법에서 활용되는 기본 법칙이다. 20 대 80의 원칙은 이탈리아의 경제학자 파레토(Vilfredo Pareto)가 말한 것으로 '전체 결과의 80%는 전체 원인 중 20%에서 비롯되었다' 는 법칙이다. 즉 부, 노력, 투입량과 같은 원인의 작은 부분이 대부분의 부, 성과, 산출량의 결과를 이루어낸다는 것이다. 20%의 소비자가 전체 매출의 80%를 차지하는 경향, 국민의 20%가 전체 부(富)의 80%를 차지하는 경향, 회사에서 20%의 근로자가 80%의 일을 하는 경향 등이 그것이다.

그런데 유대인들은 이미 이와 유사한 법칙을 과거부터 활용해왔던 것으로 알려져 있다. 바로 22 대 78의 법칙이다. 정사각형의 내접한 원의 면적은 약 78이 된다. 나머지 면적은 22가 되는데 이것은 세상 어디에서건 통용되는 법칙이라고 한다. 공기 중 산소의 비율도 산소가 22%, 다른 물질이 78%로 이와 비슷하다. 이것은 돈의 집약도에도 적용되는데, 일반인들이 가진 재화(돈이나 재력)가 22%라면 부유층은 전체의 78%를 과점하고 있다는 것이다.

로마 제국이 서기 70년 유대 땅을 멸망시키고 예루살렘 헤롯 성전을 돌 하나 남기지 않고 무너뜨렸을 때 로마인들은 더이상 유대인들의 씨가 마를 것이라고 생각했다. 또 마사다 요새의 마지막 저항세력들이 모두 자살함으로써 유대인들이 더이상 저항하지 못할 것이라고 믿었다. 어떤 면에서 이 예측은 맞아떨어졌다. 더이상 옛 이스라엘 땅에서 큰 쿠데타나 유혈 저항이 거의 나타나지 않고 수그러들었기 때문이었다.

하지만 이때부터 로마군이 움직이는 행동반경 근처에 유대인들이 몰려들기 시작했다. 발 빠른 유대 상인들이 등장한 것이었다. 이 기묘한 '적과의 동침'은 장차 전 세계를 주름잡는 유대 상인들의 등장을 예고하는 예고편에 불과했다.

유대인들은 이때부터 적정을 염탐하고 사전에 기밀 내용을 전달해주는 대신 로마군에게 먹을거리와 보급품을 공급하는 안정적인 정보원이자 병참원의 기능을 맡기 시작했다. 유대인과 로마군은 로마가 기독교를 국교로 정한 313년 무렵까지 이러한 밀월관계를 유지했으나, 기독교의 하나님인 예수를 십자가에 못 박은 사건 때문에 유대 상인들은 배척당하기 시작했다.

졸지에 지중해와 유럽의 상권을 잃게 된 유대인들은 북유럽으로 눈을 돌리기 시작했다. 유럽에서도 아직 미개척지로 여겨진 이곳에서 그들은 자신들의 역량을 발휘해 법률가, 학자, 의사, 상인으로 이름을 날리기 시작했다. 이렇게 지중해에서부터 북유럽까지 유대인의 이름이 널리 알려지면서 이들을 필요로 하는 국가들도 생겨나고 활동 반경도 넓어졌다.

11세기에 들어서면서 유대인은 전 세계로 발을 뻗어나갔다. 그들은 인도나 중국과 같은 곳까지 깊숙이 파고들어가 상거래의 한복판을 차지했다. 양털과 비단 무역, 향신료의 수입과 중개, 의약품의 거래 등도 유대인의 몫이었다.

이러한 무역의 전통은 지금까지 이어지고 있다. 이들은 각계각층의 오피니언 리더들을 먼저 공략하고, 이들을 중심으로 무역을 전개하며 저변을 파고드는 사업 방식을 진행해왔다. 이른바 철저한 20 대 80의 표적관리 법칙을 이용해왔다는 것이다.

유대인들은 이 원칙을 통해 돈을 빌려 쓰고 싶어하는 일반층과 부유층의 욕구 사이에서 이를 적절히 중개하고 이자를 받았다. 결국 유대인들이 후일 고리대금업자라고 욕을 먹은 가장 큰 이유는 이렇게 돈의 흐름을 일찍부터 깨닫고 무역거래나 유통시장에서 늘 금융업을 독식해왔기 때문이다.

여성과 어린이를 핵심 타깃으로 삼다

'한 번 물면 절대 놓지 않는다'는 말은 투견에게만 쓰는 말이 아니다. 이 말은 유대인들의 지독한 목표관리와 집중력을 표현할 때도 사용된다. 역사에서 알 수 있듯이 이들은 하루하루가 곧 죽음과 삶의 갈림길이었다. 언제 어려움이 닥쳐올지 미래가 불투명한 상황에서 그들은 찾아오는 고객 혹은 거래처를 놓치게 된다면 다시 그들을 만날 수 있다는 보장이 없었다. 그래서 한 번 거래상대로 만나면 그들과 반드시 거래를 트는 것에 목숨을 걸었다.

그런데 상거래를 하면서 유대인들이 깨달은 것은 여성 고객이 소비의 핵심이라는 사실이었다. 재산은 남성의 소유인 경우가 대부분이었지만 그 재산을 쓰는 소비층은 여성들이었다. 화려한 것을 좋아하는 서구의 귀족들과 부유층을 공략하면 큰돈을 벌 수 있음을 그들은 깨달았다.

유대인들은 여성 수요자를 유효 수요자라고 불렀다. 반드시 돈을 쓰는 소비층이라는 말이다. 4천 년 유대인의 역사 중에서 유대인은 오로지 남성뿐이었다. 여성은 유대인으로 인정받지 못했다. 그들은 사람 수를 셀 때도 20세 이상 남성만 세어 유효 숫자로 집어넣었다. 하지만 소비와 거래에서는 남성보다 여성이 훨씬 가치 있는 집단임을 깨달은 것이다.

또한 유대인들은 여성 다음으로 중요한 고객을 어린이들이라고 보았다. 이들은 미래 고객에게 투자한다는 생각으로 아이를 데리고 온 여성들에게는 더욱 세심하게 서비스했다. 함께 유대인의 가게를 찾은 어린이들은 그 가게와 상표를 기억하게 되므로 언젠가 어른이 되었을 때 과거의 추억 때문에라도 반드시 그 가게를 찾게 될 것이라는 믿음에 근거한 서비스였다.

박리다매는 절대 금물이다

유대인에게 '최소한의 이익만 남겨도 많이 팔면 되지' 라고 생각하는 것은 있을 수 없는 일이다. 이들은 아예 그런 생각이 없는 사람들이다. 백화점이나 점포에 붙은 '노마진 세일' 이라는 문구를 보면 '망하려고 저러나 보다' 라고 생각할 정도다.

근본적으로 이익을 챙기는 것은 비즈니스맨으로서 당연한 권리다. 그러므로 얼마나 합리적으로 원가를 계산하고 이익을 붙이느냐가 중요하지, 이익을 적게 남기는 일은 결코 있을 수 없다는 것이다. "많이 남겨 이익을 크게 보라. 박리다매는 금물이다"라는 정신은 유대인들의 기본 재무 관념이다.

미국에 사는 한 유대인이 신발 점포를 열었다. 그는 공장에서 신발 한 켤레에 5달러씩 구매해 15달러에 팔기로 했다. 제조원가를 33% 정도로 보고 점포 운영비, 인건비, 적정이윤 등을 고려해 정한 가격이었다. 하지만 가게를 열려고 하자 주변의 미국인 친구들이 그를 말렸다.

"자네가 파는 신발은 너무 비싸. 그렇게 팔면 곧 망할 거야."

하지만 그는 그럴리가 없다며 개업을 강행했다. 그런데 친구들 말처럼 손님이 아무도 오지 않는 것이었다. 그는 부근의 경쟁 점포들을 몰래 찾아가보았다. 그랬더니 그가 팔고 있는 신발과 비슷한 것을 모두 10달러에 팔고 있는 것이었다. 실망한 그는 가격을 조정해 다시 상품마다 붙여놓기로 했다.

며칠 후부터 그 가게에 손님들이 들기 시작했다. 미국인 친구들은 그 소식을 듣고 유대인 친구가 가격을 내렸을 거라고 생각했다. 며칠 후 친구들이 축하 인사를 하러 가게에 들렀다. 가게를 찾은 친구들은 깜짝 놀랐다. 옆 가게에서 파는 똑같은 10달러짜리 신발을 그 가게에서는 30달러에 팔고 있었던 것이다.

"이게 무슨 횡포인가? 이건 손님들에 대한 사기란 말일세."

"아닐세. 이건 부가가치를 덧붙인 상품이지. 우리 가게에서 옆 가게 똑같은 상품을 판다고 생각하나? 절대로 그렇지 않네. 난 상품 자체는 옆 가게와 같은 것일지 몰라도 서비스와 판매의 혼을 함께 팔고 있기 때문에 30달러 가치가 충분한 거네. 우리 고객은 평생 A/S와 함께 가족의 신발도 15% 할인한 가격으로 살 수 있다네. 내가 자네들 말대로 10달러로 낮춰 팔았다면 나는 곧 망하고 말았을 것이야. 마진을 충분히 확보하는 것은 기업가에게 정말 중요한 일이라네. 대신 그 마진을 고객에게 돌려주는 것이 주인이 할 일이지. 그렇지 않은가?"

이 유대인은 후발주자로서 가격만으로는 고객을 잡을 수 없다는 것을 깨닫고 후리소매의 고가정책에 부가가치 높은 서비스를 끼워 팔아 가게를 성공시킨 것이다. 이것이 유대인의 정신이다. 이 정신이야말로 유대인을 유대인답게 만들어온 상혼이었던 것이다.

사람들이 선호할 상품선택에 목숨을 건다

유대인 상인들이 가장 중시하는 상품은 바로 고부가가치의 보석류다. 다이아몬드, 금은 보석류 등은 환금성이 높고 희소가치가 높아 모든 사람들이 선호하기 때문이다.

맨해튼 보석상가에는 세계 80%의 거래량을 확보하고 있는 보석상가와 거래인들이 밀집해 있다. 다이아몬드와 금, 그 외의 모든 보석류를 취급하고 있는 이 상가는 98%가 유대인들의 소유라는 소문이 떠돌 정도다. 그래서 대부분의 보석가격을 유대인들이 정하고, 그 가격이 세계 보석시장의 시세가 된다는 소문까지 있다. 그만큼 유대 상인들이 중요시하는 상품이 보석류다.

이것은 유럽에서도 마찬가지라서 중요한 귀금속 거래와 미술품·경매품 거래에 유대인 중개상이 개입하고 있다는 것은 공공연한 비밀이다. 유대인들은 세계의 중요한 경쟁력 있는 미술품과 거래인들에 대한 정보와 네트워크를 장악하고 있어 그들의 손을 거치지 않고 거래한다는 것은 있을 수 없는 일이라는 인식이 널리 퍼져 있다.

남아프리카공화국에서 생산되는 다이아몬드 역시 유대인의 손을 거치고 있고, 금값이 고공행진하는 배경에도 유대인이 있다는 음모론까지 나올 정도다. 그만큼 유대인들의 영향력이 보석시장에 크게 작용한다는 반증이기도 하다.

오피니언 리더를 확실하게 잡는다

앞에서도 잠시 언급했지만 우리나라에는 재벌이나 부자들, 정치지도자들을 무조건 미워하는 분위기가 깔려 있다. 이와는 대조적으로 유대인들은 부자나 정치가를 반긴다. 내가 돈 버는 데 도움을 줄 수 있는 사람은 빈자보다는 부자일 확률이 더 높다는 것이다. 따라서 주변에 부자가 많아야 자신에게 도움이 된다고 본다.

돈은 더러운 것도 아니고 깨끗한 것도 아닌 그냥 돈일 뿐이다. 그러므로 일부러 싫어하거나 미워할 필요가 없다고 유대인들은 생각한다. 권력이나 정치도 마찬가지다. 그래서 늘 오피니언 리더들 옆에 유대인 참모들이 많고 또 그런 권력과의 네트워크를 통해 정보를 잡고 비즈니스를 펼쳐 큰 사업가로 이름을 날린 이들이 적지 않다.

유대인들의 속담 중에 "되는 일에만 목숨을 걸어라"라는 말이 있다. 즉 성공 가능한 일에는 목숨을 걸고 최선을 다하라는 것이다. 이 말을 확대 해석해보면 "여론을 움직일 수 있는 사람에게 돈을 대라", "결정권을 지닌 사람을 공략하라", "내게 도움이 될 만한 사람에게 더 잘 해라"라는 식으로 적용되는 경우가 많다. 이처럼 승자에게 표를 던지고 힘을 실어주는 방식은 유대인에게 큰 힘이 됨과 동시에 그들을 적으로 만들게 하는 요인이 되고 있다.

반유대인적 성향을 보였던 오바마 대통령이 최근 친이스라엘 정책을 펼치는 듯한 인상을 주는 것은 오바마 캠프에서 젖줄인 선거자금을 모았던 책임자가 시카고에서 유대계 자선 단체를 인솔하던 유대인 앨런 솔로몬이었기 때문이라는 지적도 나오고 있다.

실제로 미국에서 유대인들은 권력과 언론과 재계의 중심에 있다. 2008년 미국 CEO 중 최대 연봉 1위에 오른 오라클의 창업자 래리 앨리슨은 대표적인 부자 서열의 유대인이다. 세계적인 PC 브랜드 델의 마이클 델도 마찬가지다. 컴팩의 벤자민 로젠, 인텔의 공동 창업자 앤드루 그로브, 마이크로소프트의 CEO에 오른 스티브 발머, 매킨토시를 발명한 제프 러스킨도 유대인이다.

유대인들이 오피니언 리더들을 잡는 방법으로 돈을 들여 직접 언론사를 사거나 세운 경우도 이에 해당한다. 유대인들은 〈뉴스위크〉나 〈뉴욕타임스〉, 〈워싱턴포스트〉, 〈월스트리트저널〉 등의 언론 지분을 갖고 있다. 파라마운트, MGM, 20세기 폭스, 워너브라더스 등 주요 영화 제작사와 배급사도 유대인이 지분을 갖거나 소유로 되어 있다.

한편 미국의 친 유대계 정책은 대개 독일계로 미국에 이민 온 유대인들이 주도하고 있다는 이야기가 들린다. 독일계 유대인은 2차 대전 패전국이었던 독일을 선진국 수준으로 회복시킨 일등공신들이다. 이들은 조국 독일과 유럽의 유대계 자본을 연결하고 미국의 협력자이자 파트너로 이어주었다. 미국내 주요 기업들은 유럽의 자본을 연결할 때 유대인들을 활용했다. 골드만삭스의 창시자인 독일계 유대인 마커스 골드만은 이 시기의 대표적인 성공 모델이었다. 이러한 유대인의 인식과 정·재계의 배경이 오늘의 시대를 이끌어가는 대세라는 점을 기억해야 할 것이다.

계약을 생명처럼 소중히 여긴다

유대인은 계약서 한 장을 써도 목숨을 걸고 신중하게 쓴다고 한다. 그들의 조상인 아브라함과 이삭, 그리고 야곱도 여호와와 계약을 맺었을 정도다.

> 그리하면 나는 야곱과 맺은 계약, 이삭과 맺은 계약, 아브라함과 맺은 계약을 생각하며 너희의 땅을 기억할 것이다.　　　레위기 26:42

특히 아브라함은 대단히 신중한 사람이어서 계약관계를 분명하게 못박아두었다. 그는 자신의 아내 사라가 죽자 그녀를 장사(葬事)할 땅을 찾아 계약금을 치르고 구입했다. 「창세기」에서 그것이 분명하게 언급된다.

"나는 여러분 가운데서 나그네로, 떠돌이로 살고 있습니다. 죽은 나의 아내를 묻으려고 하는데, 무덤으로 쓸 땅을 여러분들에게서 좀 살 수 있게 해주시기를 바랍니다."

헷 족속 사람들이 아브라함에게 대답했다.

"어른께서는 우리가 하는 말을 들어 보시기 바랍니다. 어른은 하나님이 우리 가운데 세우신 지도자이십니다. 우리의 묘지에서 가장 좋은 곳을 골라서 고인을 모시기 바랍니다. 어른께서 고인의 묘지로 쓰시겠다고 하면, 우리 가운데서 그것이 자기의 묘 자리라고 해서 거절할 사람은 없습니다."

아브라함이 일어나서 그 땅 사람들, 곧 헷 사람들에게 큰 절을 하고 그들에게 말했다.

"여러분이 내가 나의 아내를 이곳에다 묻을 수 있게 해주시려면, 나의 청을 들어 주시고, 나를 대신해서 소할의 아들 에브론에게 말을 전해 주시기 바랍니다. 그가 자기의 밭머리에 가지고 있는 막벨라 굴을 나에게 팔도록 주선하여 주시기 바랍니다. 값은 넉넉하게 쳐서 드릴 터이니, 내가 그 굴을 사서 여러분 앞에서 그것을 우리 묘지로 삼도록 해주시기 바랍니다."

헷 사람 에브론이 마침 헷 사람들 틈에 앉아 있다가 이 말을 듣고,

성문 위에 마을 회관에 앉아 있는 모든 헷 사람들이 듣는 데서 아브라함에게 대답했다.

"그러실 필요가 없습니다. 제가 드리는 말씀을 들어 보시기 바랍니다. 제가 그 밭을 드리겠습니다. 거기에 있는 굴도 드리겠습니다. 나의 백성이 보는 앞에서 제가 그것을 드리겠습니다. 거기에다가 고인을 안장하시기 바랍니다."

아브라함이 다시 한 번 그 땅 사람들에게 큰 절을 하고, 그들이 듣는 데서 에브론에게 말했다.

"좋게 여기신다면 나의 말을 들으시기 바랍니다. 그 밭값을 드리겠습니다. 저에게서 그 값을 받으셔야만 내가 나의 아내를 거기에 묻을 수 있습니다."

에브론이 아브라함에게 대답했다.

"저의 말을 들어 보시기 바랍니다. 그 땅값을 친다면 은 사백 세겔은 됩니다. 그러나 어른과 저 사이에 무슨 거래를 하겠습니까? 거기에다가 그냥 고인을 안장하시기 바랍니다."

아브라함은 에브론의 말을 따라서, 헷 사람들이 듣는 데서 에브론이 밝힌 밭값으로, 상인들 사이에서 통용되는 무게로 은 400세겔을 달아서, 에브론에게 주었다.

표준새번역 창세기 23:4-6

밭주인이 거저 쓰라고 하는데도 아브라함은 은 400세겔을 주고 정식으로 계약을 맺어 주인이 되었다. 이 땅은 예루살렘 남쪽 27km

지점으로 아브라함의 아내 사라가 먼저 묻혔고, 그 뒤로 아브라함, 이삭과 그의 아내 리브가 등이 차례로 묻히면서 아브라함 가족의 가족장지가 되었다.

이 기록이 없었다면 유대인들이 나라를 잃은 지 2천 년 만에 나라를 세우겠다고 예루살렘을 근거지로 삼을 근거가 없었을 것이다. 물론 아브라함이 이러한 앞으로의 일을 알고 한 계약은 아니겠지만, 이 땅을 정식으로 돈을 주고 샀기 때문에 비록 4천 년 전의 기록일지라도 이 계약이 근거가 될 수 있었던 것이다.

이 밖에도 아브라함은 조카 롯에게 구두계약을 하면서 서로 키우는 가축 때문에 우물분쟁을 일으키지 말자며, 네가 왼쪽을 택하면 내가 오른쪽으로 가고 그 반대로 하면 그것도 따르겠다고 계약을 맺어주기도 했다. 그래서 유대인의 계약 모델로 아브라함이 손꼽히는 것이다.

보증과 서명은 최대한 신중하게 하라

유대인은 보증은 피하고, 서명을 해야 할 때는 목숨을 걸듯 신중하게 한다. 고대 유대인들은 토지를 매입할 때 두 사람의 증인을 세우고 서명을 하게 한 후, 한 통은 봉인하고 한 통은 봉하지 않은 채로 보관해 후일 문제가 발생했을 때 이를 확인하도록 했다.

서명은 보증과 관련이 있다. 하지만 유대인은 보증 문제만은 지나칠 정도로 꺼렸다. 야박하다는 소리를 들어도 송사에 휘말리기 싫어한 것이다.

> 너는 사람으로 더불어 손을 잡지 말며 남의 빚에 보증이 되지 마라.
>
> 잠언 22:26

> 지혜롭지 못한 사람은 남의 보증을 서주고, 자기 이웃의 보증인이 된다.
>
> 잠언 17:18

> 남을 위해 보증을 서는 사람은 손해를 보지만, 그것을 거절하는 사람은 안전하다.
>
> 잠언 11:15

이렇게 성경의 이야기도 보증을 부정적으로 언급하고 있다. 최고경영자 솔로몬조차도 보증은 문제를 일으키는 것이라고 보았다.

정직은 소중하되 임기응변도 필요하다

고대의 유대인들은 정직을 생명으로 여겼다. 현대 유대 상인들도 정직을 생명으로 여긴다고 말한다. 하지만 다루지 못할 상품과 거래하지 못할 사람이 없다고 할 정도로 분야와 거래선이 확대되면서 암시장 거래도 크게 늘어났다.

그만큼 그들은 다양한 분야에서 다양한 사람들과 거래한다. 특히 중개업에 종사하는 유대인들이 많아 전 세계 희귀상품도 암시장에서 그들을 통하면 거래가 이루어진다는 말이 나오고 있다.

기차 여행 중이던 유대인이 소금에 절인 청어를 먹다가 남은 머리만 종이에 싸두었다. 이를 보고 곁에 있던 폴란드인이 대화에 슬쩍 끼어들었다.

"우리도 늘 청어를 즐겨 먹지만, 무엇보다도 청어 대가리를 먹으면 머리가 좋아진다고 하더군요."

유대인이 웃으며 말했다.

"그렇다면 이 머리를 사시죠?"

이 말도 안 되는 흥정은 유대인의 언변으로 성사되었다. 폴란드인은 유대인이 먹다 남긴 청어 대가리 5개를 5즈로티나 주고 샀다. 힘들게 청어 대가리를 다 골라먹고 난 폴란드인은 짜증을 내며 말했다.

"당신은 정말 지독한 사람이군, 5즈로티면 싱싱한 청어 5마리를 사고도 돈이 남았을 것이오."

그러자 유대인이 대답했다.

"그것 보시오. 당신은 벌써 머리가 좋아지지 않았소?"

이 정도면 남극에 가서 반팔 티를 팔고도 큰 소리를 칠 사람들 아닌가. 우기기도 하고 임기응변으로 하기도 하는 유대인들의 장사수법은 이미 정평이 나 있다.

장사의 실익을 꼼꼼하게 따진다

유대인들은 모든 것을 계산하려고 한다. 실익을 따지고 셈을 하는데 너무나 익숙하다. 하지만 셈만 강조하다보니 이런 웃지 못할 탈무드 이야기까지 나왔다.

전쟁이 벌어져 교착상태에 빠져 있던 러시아 동부 전선에서의 이야기다. 유대인 출신의 관측병 하나가 장교에게 달려와 적의 동태를 보고했다.

"지금 저렇게 포탄을 퍼부어대지만 공격은 곧 끝날 것입니다."

"무슨 근거로 그런 말을 하는 건가?"

"지난 일주일 간 매일 아침 쏟아부은 포탄의 숫자가 일정하거든요. 5분도 안 돼 곧 끝날 것입니다. 공격 준비를 하셔도 됩니다."

그 관측병의 말대로 공격은 5분도 안 돼 끝났다.

모든 것을 거래의 셈법으로 여기는 유대인의 뛰어난 셈을 자랑하는 유머다. 이처럼 어릴 때부터 배워온 셈법은 그들의 사고방식 가운데 중요한 부분을 차지한다.

에스키모에게 제빙기를 판다

"당신이 가진 것을 필요로 하는 사람에게 파는 것은 비즈니스가 아니다. 당신이 갖고 있지 않은 물건을 필요로 하지 않는 사람에게 파는 것이 비즈니스다."

에스키모에게 냉장고를 파는 것, 그것이 바로 비즈니스다. 김치냉장고가 필요 없는 유럽인들에게 김치냉장고를 와인냉장고로 사용하게끔 하는 것이 곧 비즈니스다. 한국의 기업이 이런 장사를 해냈기에 세계 10위의 무역국가가 된 것이다.

진정한 상술이란 당신에게도 없는 제빙기를 그것이 전혀 필요하지도 않은 에스키모에게 팔아먹는 것이다. 또한 물건을 사들인 상대편도 자기의 구매 행위에 만족감을 가질 수 있어야 한다. 사막에 사는 사람에게 담요를 팔고, 휴대전화가 터지지도 않는 산속 사람에게 위성 위치추적기를 달아 휴대전화를 팔아치우는 것이 현대의 장사꾼들이다.

비즈니스의 윤리는 엄격하고도 매우 절박하다. 절박하지 않으면 장사 자체가 불가능하다. 특히 유대인들은 오랫동안 핍박과 설움 속에서 살아왔다. 나라도 없고 일정한 주거지도 없이 집시처럼 떠돌아다녔다. 그러다 보니 유대인 지역에 사는 많은 사람들이 브로커가 될 수밖에 없었다.

이런 전통은 지금도 이어져 유대인 가운데 많은 이들이 로비스트나 컨설턴트, 중개인 등으로 활발하게 활동하고 있다. 이런 역사의 엄중한 훈련 속에서 때로는 지독하다고 비판받을 정도의 유대인 비즈니스가 탄생한 것이다.

뉴욕의 청과상들이 유대인들에서 한국인으로 바뀌었다는 보도를 접했던 적이 있다. 유대인들은 이제 청과상으로 돈을 버는 시기는 지났다고 본 것이다. 또한 그들이 잡은 품목이 바로 보석과 오일 시장이었다. 지금 가장 값어치가 나가는 품목이 석유와 금 아닌가. 앞을 내다보는 유대인들의 장사 수완은 본받을 만하다.

상거래와 상술에 대한
유대인들의 생각

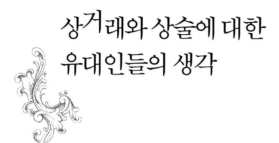

- 많이 남겨 이익을 크게 보라. 박리다매는 금물이다.

- 하나님께서는 가짜 저울을 역겨워하시고 바른 저울추를 좋아하
  신다.

- 계약은 생명처럼 여겨라.

- 너는 사람으로 더불어 손을 잡지 말며, 남의 빚에 보증이 되지
  마라.

- 지혜롭지 못한 사람은 남의 보증을 서주고, 자기 이웃의 보증인
  이 된다.

- 남을 위해 보증을 서는 사람은 손해를 보지만, 그것을 거절하는
  사람은 안전하다.

- 당신이 가진 것을 필요로 하는 사람에게 파는 것은 비즈니스가 아니다. 당신이 갖고 있지 않은 물건을 필요로 하지 않는 사람에게 파는 것이 비즈니스다.
- 상인이 해서는 안 되는 일이 3가지 있다. 과대선전, 매점매석, 저울을 속이는 일이다.
- 올바른 장사를 하려면 시장으로 가라.
- 신용이 없으면 문이 열리지 않는다.
- 비즈니스에 성공하려면 여성의 입을 만족시켜라.
- 물건은 돈을 달라는 대로 다 주고 사는 것이 아니다.
- 감당할 수 있는 위험만 짊어져라.
- 돈을 벌고 싶다면 숫자에 익숙해지고 숫자에 강해져야 한다.

9

공동체 교육으로
현대화의 물결을
이겨내다

유대인의 전통교육은 가정의 안식일 교육에서 시작된다. 가족은 공동체의 최소 구성원이다. 이것으로 거세게 불어닥치고 있는 현대화의 물결을 극복해내고 있다. 현대화의 가장 큰 영향력은 퓨전이다. 무엇이든 합치고 재생산하며 전통을 현대로 옷갈아 입힌다. 포스트모더니즘의 영향도 크다. 짬뽕문화라는 비아냥도 그래서 탄생한 것이다. 하지만 유대인은 공동체 교육으로 이를 극복해내고 있다. 유대 사회도 젊은이들의 탈 가정으로 많이 무너지고 있지만 그나마 전통적 공동체 교육을 지키려는 이들이 가장 많이 남아 있는 나라이기도 하다.

　특히 전통적 공동체 교육 가운데 토라의 교육은 4살부터 이미 시작되며, 가르치는 것을 넘어 모든 내용을 반드시 준수하도록 요구한다. 14살부터 시작되는 성인식의 교육 또한 공동체 교육의 기본이다. 부모는 종교교육자로서 전통의례와 절기의식을 나이별로 가르쳐 자녀들이 이를 절대 잊지 않도록 교육한다. 유대인들은 이런 거추장스런 행사를 무려 2천 년간이나 계속해왔다.

안식일을 지키지 않는 가정은 없다

유대인들은 십계명 가운데 일곱은 '~하지 마라' 라는 계명으로 되어 있음을 주목한다. 그들은 '~하지 마라' 라고 규정한 것 외에는 뭐든지 해도 된다고 생각한다. 이는 부정적 계명이지만 오히려 자유롭고 진보적인 것이라고 생각하는 경향을 보여준다.

이것을 이해하기 어려우면 종교개혁자인 마틴 루터(Martin Luther)와 칼빈(Jean Calvin)의 경우를 통해 이해해보자. 루터는 성경에 하지 말라고 써진 것만 하지 않으면 된다고 보았다. 나머지는 인간의 자유의지와 하나님이 주신 양심에 따라 행동하면 된다는 긍정적인 개념을 가지고 있었다. 하지만 칼빈은 성경에서 '~하라' 는 것 말고는 절대 하면 안 된다고 주장했다. 칼빈이 루터보다 훨씬 좁은 의미로 보수적인 이해를 갖고 성경에 접근하고 해석한 것임을 알 수 있다. 상대적으로 루터는 칼빈에 비해 더 개방적이고 진보적이며 자유로웠던 것이다.

같은 이치로 유대인들은 '~하지 마라' 는 계명 말고는 다른 어떤 것도 다 할 수 있다고 여겼다. 안식일의 경우도 마찬가지다. 안식일을 지키지 않는 유대인 가정은 없다. 물론 현대화된 유대인들도 있다. 그들을 제외하고 유대교를 독실하게 믿는 사람에게 안식일을 준수하는 것은 곧 생명을 지키는 것과 같다.

유대인이 안식일에 부여하는 의미를 지식적으로만 이해하는 것은 불가능하다. "이스라엘에서 안식일을 직접 겪어보지 않으면 안식일의 진정한 의미를 이해할 수 없다"는 이야기가 있을 정도이다.

어떤 응급환자가 안식일 시작 직전에 병원으로 실려왔다. 목숨이 경각에 달린지라 응급실 의료진이 구슬땀을 흘리며 그를 간신히 살려놓았다. 그런데 갑자기 의료진이 바뀌고 아랍인과 동양인으로 구성된 새 의료진이 들어왔다.

"교대시간입니까?"

"아닙니다. 샤밧 때문입니다."

"샤밧이요? 안식일 때문에 이렇게 갑자기 의료진이 바뀐다는 말입니까?"

샤밧은 히브리어로 안식일이다. 이 환자는 새 의료팀에게 자신의 목숨을 맡겨야 했다. 실로 황당하다고 할 만한 이런 일이 실제로 유대인 사회에서는 종종 일어난다. 좀 과장된 이야기라고 생각할지 모르지만 대부분 사실에 가까운 이야기다.

이스라엘에서 유학했던 한국인들은 바로 이 안식일 때문에 벌어지는 해프닝들에 가장 당황한다. 금요일 밤부터 토요일까지 계속되는 샤밧 기간 중에는 예루살렘 시가지 내의 모든 상점들이 문을 닫는다. 버스는 물론이고 사람들도 거의 왕래하지 않는다.

한마디로 안식일이면 유대인은 아무것도 하지 않는다. 불을 피우거나, 식물에 물을 주거나, 기록을 위해 무엇을 쓰거나 지우는 일을 하지 않는다. 그 까다롭고 엄격함의 수준이 어느 정도냐 하면 갓 태어난 아기가 반드시 먹어야 할 우유를 데우는 일이나 화장실에 들어가기 위해 전등 스위치를 올리는 것조차 하지 않는 수준이라면 이해가 되겠는가?

그런 것을 모두 지키며 어떻게 살 수 있는지 궁금하겠지만, 사실 유대인들은 샤밧 이전에 모든 것을 준비해둔다. 화장실 전등은 금요일 낮부터 켜두고, 갓난아이에게 먹일 우유는 미리 타서 불 위에 물을 가득 담은 큰 그릇 속에 넣어 늘 따뜻함을 유지하도록 해둔다. 가스레인지나 벽난로, 오븐의 불도 미리 금요일부터 약하게 켜둔다. 일반적으로 가스레인지의 화구가 3개 정도이므로 가장 약한 불로 켜서 하루 종일 그대로 두는 것이다. 어찌 보면 지독한 형식주의라고 할 수 있다.

만약에 어쩌다가 금요일 낮에 마당의 잔디에 물을 주기 위해 스프링쿨러를 틀어놓았다 치자. 그러면 샤밧이 시작되면 아무도 이를 끌 수 없다. 마당이 물천지가 되고 옆집으로 흘러들어가 그 집이 난장판이 되어도 끄지 않는다. 다만 이런 것은 가능하다. 옆집이나 주변에 안식일을 지키지 않는 이방인들에게 스위치를 꺼달라고 부탁하는 방법이다.

절묘하게 이런 방법으로 안식일을 지켜가는 유대인들은 왜 그렇게 안식일에 목숨을 거는 것일까? 이 부분을 이해하지 못하면 도저히 유대인 사회를 이해할 수 없다. 그렇다면 유대인에게 안식일은 어떤 의미일까? 이것은 태초에 세상을 창조한 여호와의 창조 행위 때문에 시작된 것이다.

> 하나님이 그가 하시던 일을 일곱째 날에 마치시니 그가 하시던 모든 일을 그치고 일곱째 날에 안식하시니라. 하나님이 그 일곱째 날을 복되게 하사 거룩하게 하셨으니 이는 하나님이 그 창조하시며 만드시던 모든 일을 마치시고 이 날에 안식하셨음이더라.　　　창세기 2:2

> 안식일을 기억하여 거룩한 날로 지켜라. 육 일 동안에는 힘써 모든 일을 하여라. 하지만 칠 일째 날은 나 여호와 하나님의 안식일이다. 그 날에는 너희나, 너희 아들이나 딸이나, 너희 남종이나 여종이나, 너희 짐승이나 너희 집 문 안에 머무르는 나그네도 일을 하지 마라. 왜냐하면 나 여호와가 육 일 동안 하늘과 땅과 바다와 그 안에 있는 모든 것을 만들고 칠 일째 날에는 쉬었기 때문이다. 그러므로 나 여호와는 안식일에 복을 주고, 그 날을 거룩하게 하였느니라.　쉬운성경 출애굽기 20:8-11

유대인들에게 안식일이란 충전과 같은 것이다. 그냥 쉬는 것이 아니라 충전해 채워넣는 의미다. 이를 다른 식으로 정리해보자.

유대인들은 6년간 경작한 땅에 7년째 되는 해에는 농사를 짓지 않는다. 토라의 근간인 「레위기」 25장을 보면 다음과 같은 기록이 나온다.

"여호와께서 시내 산에서 모세에게 말씀하셨습니다."

"이스라엘 백성에게 전하여라. 내가 너희에게 줄 그 땅으로 들어가면, 너희는 그 땅이 여호와를 위하여 안식할 수 있도록 특별한 시간을 주어라. 육 년 동안은 땅에 씨를 뿌려도 좋고, 포도밭을 가꾸어 열매를 거두어도 좋다. 그러나 칠 년째 되는 해에는 땅을 쉬게 하여라. 그 해는 여호와를 위해 쉬는 해이니, 너희는 땅에 씨를 뿌리거나 포도원을 가꾸는 일을 하지 마라. 너희는 추수하다가 땅에 떨어져 저절로 자란 것은 거두지 마라. 너희가 가꾸지 않은 포도밭에서 자란 포도도 따지 마라. 이것은 땅이 일 년 동안 쉬는 해이기 때문이다.

땅이 쉬는 해에는 땅이 너희에게 먹을 것을 낼 것이다. 너희 남자나 여자나 종이나 품꾼이나 너희 땅에 사는 외국인에게 땅에서 나는 것은 무엇이든 먹게 하여라. 또한 너희가 기르는 가축이나 너희 땅의 들짐승도 땅에서 나는 것이면 다 먹게 하여라. 너희는 칠 년을 일곱 번 세어라. 그러면 사십구 년이 될 것이다. 그 동안 땅이 쉬는 해가 일곱 번 있을 것이다.

너희는 사십구 년이 지난 다음, 속죄일에 나팔을 불어라. 너희가 나팔을 불어야 할 날은 일곱째 달 십 일이다. 너희는 온 땅에서 나팔을 불어라. 오십 년째 되는 해를 특별한 해로 정하여, 너희 땅에 사는 모든 백성에게 자유를 선포하여라. 그 해는 기쁨의 해인 희년이니, 너희 모두는 각자 자기 땅으로 돌아가거라. 모두 자기 집, 자기 가족에게로 돌아가거라.

오십 년째 되는 해는 너희에게 기쁨의 해이니, 땅에 씨를 심지 말고, 저절로 자란 것을 거두지 말며, 가꾸지 않은 포도밭의 포도를 따지 마라. 그 해는 희년이니 너희에게 거룩한 때이다. 너희는 밭에서 나는 것을 먹어라. 희년에는 모든 사람이 자기 땅으로 돌아가거라.”

쉬운성경 레위기 25:1-13

성경의 이 구절은 안식년의 의미를 정확하게 말해준다. 6년간 농사짓고 난 땅을 쉬게 해서 땅의 지력을 북돋우고, 그 안식년 동안 생산되는 소출물들을 거두지 말고 누구나 먹을 수 있게 해 굶는 사람이 없게 하며, 심지어 노예로 팔려온 이라 할지라도 50년째 되는 해에는 해방시켜주라는 것이다. 실로 자연과 인간의 해방을 바라는 창조주의 정신, 지금으로 말하자면 확실한 에코 운동의 출발점이 바로 안식의 개념에서 시작된 것이라고 할 수 있다.

이처럼 안식은 어떤 일도 하지 않고 하루 종일 완전하게 쉬는 것이다. 전기를 끊어버리는 것처럼 동력원을 아예 제거함으로써 쉬지 않으면 안 되도록 만드는 것이다. 이스라엘에 간 이들에게 처음에 이것은 너무 불편하지만 계속하다 보면 가족끼리 대화가 이루어지고, 가문의 전통과 공동체 생활을 생각하게 되며, 민족을 아끼고 사랑하게 된다고 고백한다.

휴일이면 낚시를 떠나고 축구경기나 TV시청, 혹은 영화관람 등으로 평일보다 더 바쁜 삶을 살아가는 우리들에게 유대인의 안식일은 시사하는 바가 크지 않은가? 이 안식일이야말로 유대인이 수천 년간의 이산과 핍박, 고통 속에서도 자신의 뿌리를 잃지 않고 지켰던 귀중한 삶의 지혜요, 여호와의 지상 명령에 순종한 결과인 것이다.

안식일은 유대인의 생명이다. 유대인이 목숨보다 더 중요하게 여기는 것이 안식일이다. 그래서 예수 그리스도가 안식일에 병든 자를 치료하고, 그의 제자들이 밀밭에서 배고픔을 해결한 일을 마음에 들어 하지 않는다. 그들 입장에서 보면 예수와 그의 제자들은 도무지 사람의 도리를 다하지 못하는 이교집단처럼 비춰졌을 것이었다. 이러한 강박증에 가까운 안식일에 대한 사고방식과 관습은 지금도 여전하다. 하지만 이 안식일이 유대인을 유대인답게 만든 것도 부정할 수 없다.

이렇게 살펴보자. 어떤 가족의 선조가 과거에 노예생활을 하다가 천신만고 끝에 탈출했다. 물론 여호와의 도움이 있었기에 가능했다. 그들은 탈출 전날 이스트를 넣지 않아 미처 부풀지도 않은 딱딱한 밀가루 빵을 씹으며 급하게 도망쳐나와 새로운 근거지에서 먹고 살길을 찾았다. 이 날을 기념하고 그 정신을 기리기 위해 아들과 아들의 아들, 또 그 아들들이 이스트를 넣지 않은 빵을 씹는다. 이 전통은 계속되어 수천 년 후에도 후손들이 이렇게 그날을 기억하고 기념할 것이다. 이러한 전통이 민족적으로 거국적으로 계속된다.

바로 이것이 안식일의 기념이자 전통이다. 그날은 아무것도 안 하고 조상의 위대했던 업적을 기억하고 그들을 본받으며 현대의 삶에 적용한다. 자, 이 정도면 안식일이 유대인을 키워왔다는 말에 고개가 끄덕여지지 않는가? 일주일에 한 번씩 일 년에 52번 이상 이 일을 기억하고 기념하는 유대인은 동질성을 지키고 자신들의 업적을 스스로 세뇌하며 영원히 전통을 지켜나갈 것이다.

마사다의 정신을 반드시 기억하라

제2차 세계대전 때 남태평양 사이판에서 수천의 일본 군인(그 속에는 한국인 징병자와 근로자도 있었을 것이다)들이 사이판 절벽에서 뛰어내려 자살했다. 미군의 함락 직전에 이들이 자살하며 외친 것은 "천왕 폐하 만세"였다. 그래서 이 절벽을 만세절벽이라고 부른다. 20세기 중반에 일어난 이 사건을 두고 많은 세계인들이 일본인을 지독한 민족이라고 불렀다.

하지만 사실 이와 같은 사건이 2천 년 전쯤에도 있었다. 사해 남서쪽에 길이 600m, 폭 300m의 마름모꼴 천연 요새가 하나 있었다. 이름하여 '마사다' 이다. 히브리어로 '요새' 라는 뜻의 이 지역은 로마의 유대지역 지배 시절에 있었던 반로마 항쟁으로 이름이 난 곳이다. 서기 70년 티투스에 의해 이스라엘의 수도인 예루살렘이 철저히 파괴된 후 사실상 유대인들은 완전히 항복하고 말았다. 하지만 한 무리의 유대인들은 마사다로 올라가 로마 군단을 상대로 저항운동을 시작했다. 지리적으로 4면이 깎아지른 듯한 절벽이었기에 생존자들은 이곳에서 3년이나 끈질기게 저항하며 로마 제국을 비웃었다. 이들은 이스라엘의 독립을 외치며 다른 어떤 조건에도 타협하지 않았다.

로마의 최정예 10군단은 이 요새 때문에 그 명성이 땅으로 추락하고 있다고 느꼈다. 로마인들은 로마의 명예를 위해 요새 외곽에 토성을 쌓고 사방을 포위한 후 물과 식량이 떨어지길 기다렸으나, 충분한 물과 식량을 준비한 마사다의 유대인들은 결코 항복하지 않았다. 그러자 로마의 실바 장군은 마사다의 계곡을 흙으로 메우기 시작했다. 그것도 유대인들을 노예로 부려가며 전쟁을 계속하는 한편, 성을 부술 수 있는 파성기를 만들어 성을 위협했다.

결국 준비가 끝난 로마의 공격 예정일에 로마의 군대는 토성에 올라 공격을 개시했다. 하지만 막상 성안으로 들어가 보니 적막만 감돌고 있을 뿐 아무런 저항이 없었다. 그들이 발견한 것은 3년간 로마를 괴롭혀온 960명의 나란히 누운 시신들뿐이었다. 하지만 결연한 의지로 목숨을 끊은 유대인들 앞에서 로마의 병사들은 경의를 표하고 승전 잔치조차 취소한 채 철수했다.

그들이 전원 목숨을 끊고 죽음으로 항전한 사실은 물탱크 속에 숨어 있던 2명의 부인과 다섯 아이들의 목격담으로 세상에 알려지게 되었다. 지도자는 마사다의 영웅 엘리에젤 벤 야이르였다.

목격담에 따르면 마지막까지 살아남은 유대인 전사들은 모든 소유물을 불태우고 자신들을 마지막까지 죽여줄 10명의 전사를 제비뽑기로 가려냈다. 또한 모두 자신의 가족들부터 생명을 끊어주었다. 그러자 10명의 전사들이 차례로 가족을 품에 안고 나란히 누워 있는 전사들의 목을 베어 죽였다. 결국 10명만 남게 되자 그 가운데 첫 번째로 뽑힌 전사가 나머지 9명의 목숨을 이전처럼 끊어주었다. 마지막 전사는 스스로 생명을 버렸다.

이런 무모해 보일 정도의 결전은 이스라엘의 멸망과 함께 역사 속으로 사라진 것 같았으나 2천 년 후 이스라엘의 독립 후에 아랍연맹과의 사투에서 위력을 발휘했다. 이스라엘의 군대와 군인들은 마사다의 선조들처럼 목숨을 걸고 사투에 나서 주변 1억 명의 아랍인들과의 싸움에서 승리한 것이다.

지금도 이스라엘의 장교들은 이 마사다 요새에서 임관식을 거행한다. 그들의 선조가 뿌린 피가 헛되지 않도록 하기 위해서다. 마사다는 2천 년 전의 과거가 아니다. 아직도 유대인의 핏속에 흐르는 정신이자 각오다. 이런 배경을 이해하지 않고서는 유대인의 생각 속으로 들어서기가 그만큼 어려운 것이다.

인생의 길을 모를 때는 역사에 묻는다

"길을 열 번 물어보는 것이 한 번 길을 헤매는 것보다 낫다."

이 말은 "백문이 불여일견"이라는 우리 속담과 비슷하다. 이 속담은 인생의 기본에 대해 말하고 있다. 유대인에게는 늘 질문하는 민족이라는 별명이 따라다닌다. 그래서 길을 모를 때는 묻는 것이 현명하지 체면 따위를 따지지 말라는 것이다.

솔로몬은 일찍이 「전도서」에서 "해 아래 새로운 것이 없다"고 말했다.

이미 있던 것들이 다시 생기고, 사람들은 전에 했던 일들을 다시 한다. 해 아래 새로운 것이 없다. 누가 '보라, 여기 새것이 있다'라고 말할 수 있겠는가? 그것은 이미 오래 전에 있었던 것이며, 우리가 나기 전에 이미 존재하던 것일 뿐이다.

이전 사람들이 기억에서 사라지는 것처럼, 이제 태어날 사람들 역시 기억에서 사라질 것이다. 나 설교자는 예루살렘에서 이스라엘의 왕이었다.

쉬운성경 전도서 1:9-12

이는 "역사는 되풀이된다"는 말과 비슷하다. 그러므로 유대인들은 이 「전도서」의 교훈을 잊지 않는다. 역사에서 교훈을 배우지 못한다면 미래에 다가올 어려움은 어떻게 극복할 수 있을 것인가. 어쨌거나 역사가 되풀이되고 인생도 그러할 것이다.

그러므로 과거의 교훈을 기억에 되새겨놓으면 앞으로 다가올 어려움도 지혜롭게 헤쳐 나갈 수 있을 것이라고 믿는다. 그러니 인생의 길을 묻는 것은 조금도 창피한 일이 아닌 것이다. 물어라, 묻는 자에게 복이 있다.

수천 년간 전통을 되풀이하는 유대인들의 의식

유대인들에게 부림절이라는 명절이 있다. 이 부림절이야말로 유대인 최고의 명절이라고 할 수 있다. 유월절이 거룩하고 조용한 분위기 가운데 치러지는 것이라면 부림절은 마치 할로윈 데이를 연상케 할 정도다. 남미의 리오 축제나 가면 축제와 같은 떠들썩한 분위기가 연출되는데, 가면을 쓰기도 하고 옷을 바꿔입기도 하는 등 일종의 카니발로 많은 음식과 술을 차리고 잔치를 연다.

부림절과 관련해 구약성경의 「에스더」에 그 연유가 자세히 기록되어 있다. 성경에서 아름다운 왕비 에스더와 그의 나이 많은 사촌이자 영적 스승 모르드개의 이야기는 에스더의 이름 뜻인 별만큼이나 빛나는 감동을 준다. 에스더의 부모가 죽자 사촌 모르드개는 그녀를 딸처럼 키웠다. 아하수에로 왕의 명령을 거역한 왕비 와스디를 대신해 새 왕후를 뽑는다는 명령이 내리자 아름다운 처녀들이 왕궁으로 이끌려갈 때 뛰어나게 아름다운 히브리 노예 출신의 에스더도 궁녀를 주관하는 관리의 눈에 띄어 유력한 후보자가 된다. 결국 오랜 준비기간을 거쳐 왕 앞에 서게 된 에스더는 왕의 큰 사랑을 얻어 왕후가 된다. 그녀의 왕후됨을 축하하는 잔치가 크게 베풀어지고, 각 도의 세금이 면제되는 일이 이어졌다.

그 후 하만이라는 대신이 왕의 은총을 입어 지위가 올라갔을 때 그는 대궐 문 앞에서 자신에게 무릎 꿇어 절하지 않는 모르드개(그는 유대인이라 하나님을 경배할 때 외에는 사람에게나 다른 우상에게 절하지 않는다)와 그의 민족을 몰살시키라는 왕의 명령을 받아내는 데 성공했다.

한편 모르드개는 자신과 민족의 위기 앞에 왕후 에스더를 찾아간다. 하지만 그들에게는 참으로 큰 문제가 하나 있었으니 당시 관습은 왕이 부르지 않았는데 먼저 왕 앞에 나아가는 자는 죽음을 당하게 되어 있었다. 이때 모르드개는 자신의 사촌동생이자 하나님의 민족을 살려내야 할 사명을 지니게 된 에스더에게 이렇게 말한다.

"너는 왕궁에 있으니 홀로 죽음을 면할 것이라 생각지 마라. 이때에 만일 네가 입 다물고 잠잠하면 이 민족은 다른 방법으로 구원을 얻을 것이나 너와 네 아비 집은 멸망할 것이다. 네가 왕후의 위를 얻어 올라선 것이 이때를 위함이 아닌지 누가 알겠느냐."

그는 동족에 대한 사명감에 대해 말했고 에스더와 유대 민족은 함께 3일을 금식하며 기도했다. 에스더는 죽기로 작정한 후 자신을 부르지도 않은 왕 앞에 나아갔다. 하지만 놀랍게도 왕은 그녀를 사랑하고 아껴 그녀의 청원을 들어주었다. 그녀는 왕의 은총을 입었고 그녀와 모르드개와 유대 민족은 오히려 그들의 원수 하만을 처형하고 구원을 받았으며, 더욱 영화로운 자리에 나아갈 수 있었다. 유대인은 죽음 직전에 구원을 받았고, 오히려 유대인을 괴롭혀 죽이려던 무리들을 죽이고 그들의 재산까지 다 차지할 수 있었다.

유대인 노예 출신 에스더, 여왕이 되다

에스더는 유대인으로서 아하수에로 왕의 왕후가 되었다. 그녀가 유대인의 원수를 처결한 날을 유대인들은 부림절이란 이름으로 기념하고 있다.

그녀는 헐리우드에서 제작한 영화 〈300〉에 나오는 인물과 연관이 깊다. 영화 〈300〉의 용감한 전사들과 싸우러 달려나오는 페르시아의 대왕이 바로 아하수에로다.

영화에서는 인디안 분장을 하고 괴상한 옷차림으로 표현되었지만, 사실 그것은 영화상에서의 과장된 설정일 뿐이다. 아하수에르 왕은 역사상으로 크세르크세스 왕으로 알려진 페르시아의 대왕이었다. 127개 도를 통괄해 다스리고 멀리 인도까지 국경을 확장했던 인물인데 영화에서 너무 희화한 것뿐이다.

어쨌든 그가 성경에서 아하수에로 왕이라고 나오는 인물이다. 아하수에로는 히브리식 표현이고, 이를 헬라식 음역으로 읽으면 크세르크세스가 된다. 이 대제국의 황제의 부인이 바로 유대인 노예 출신의 왕비 에스더다.

노예인 에스더가 어떻게 왕후에 오를 수 있었을까? 그녀의 히브리식 이름은 하닷사였다. 그런데 그녀의 아버지 아비하일은 바벨론에 포로로 끌려간 이후 귀환하지 않고 페르시아에 남아 있었다. 그 후 사촌 모르드개가 딸처럼 길러주었다. 왕이 새 왕후를 간택할 때 그녀가 후보에 올라 마지막까지 남았고, 왕은 그녀를 새 왕후로 뽑는 데 주저하지 않았다.

10장이나 되는 구약성경 「에스더」는 희한하게도 '하나님'이라는 말이 한 군데도 나오지 않는다. 하나님이란 말이 나오지는 않지만 여호와 하나님의 섭리가 곳곳에 묻어나 있기 때문에 성경으로 채택된 것이다. 에스더는 유태 조상 가운데 몇 안 되는 여성 영웅 중 한 사람이다.

한국인들은 추석과 설을 지키는 전통으로 현대의 번잡한 삶 속에서 한국적인 멋을 지켜오고 있다. 사실 인구 1천200만 명의 서울은 화려한 빌딩과 백화점, 네온사인, 지하철과 끊임없이 밀려드는 자동차로 인해 뉴욕과 별반 다를 것이 없다.

전통이 없다면 미국의 뉴욕도 독일의 베를린도 일본의 도쿄도 그냥 콘크리트로 이루어진 도시일 뿐이다. 하지만 전통이 있고 그것을 지켜나가고 있기 때문에 문화와 민족, 나라가 존재하는 것이다. 유대인들에게 부림절 전통은 즐거운 축제임과 동시에 전통으로 현대를 이어가는 훌륭한 도구가 되고 있다. 장막절, 유월절 등의 명절도 그만큼 중요하게 여긴다.

유대인들이 어느 정도 전통적인가 하면 그들이 읽는 토라는 아직도 두루마리 형태를 고집한다. 언뜻 생각하기로도 책 형태가 훨씬 편할 텐데 그들은 두루마리 성경을 읽는다. 한 사람이 펼쳐 읽기 시작하면 다른 한 사람이 반대편에서 이를 말아간다. 이런 불편함을 감수하고서라도 수천 년간 전통을 되풀이하는 그들의 의식은 경이롭기만 하다.

이러한 전통의식은 그들의 음식문화에서도 그대로 나타난다. 최소 3천 년 전의 요리법 그대로 음식을 해먹고, 매주 안식일마다 전통을 체험하며 이를 계승하고 있다. 우리가 기껏해야 1년에 추석과 설 명절, 좀더 나아간다면 단오 정도로 전통을 계승하는 데 비해 그들은 1년 52주의 안식일과 매월 돌아오는 절기의 전통으로 유대인만의 전통문화를 살려나가고 있는 것이다.

할례와 성인식으로 공동체 의식을 키운다

어느 나라 어느 민족에게도 세대차는 발생하기 마련이다. 심지어 아프리카의 원주민들도 자라나는 세대와의 세대차 때문에 고민을 겪고 있다는 이야기를 들은 적이 있다. 하지만 유대인들에게서는 세대차를 발견하기 어렵다. 세대차가 별로 없다는 것은 자신의 정체성을 제대로 파악하고 있다는 이야기가 된다.

최근 동양 사회에서는 서구의 급격한 물질문명이 밀려들어오고, 유학을 다녀온 수많은 젊은이들이 부모와의 갈등을 빚는 일이 많아졌다. 전통적인 부모와 서구적인 자녀 간의 갈등은 피할 수 없다는 현상이라고 생각한다. 하지만 이러한 세계적인 흐름도 이스라엘만은 예외다.

유대인들은 안식일과 절기축제, 그리고 철저한 토라의 교육과 탈무드, 그리고 할례와 성인식이 있는 한 그들에게 세대차는 없다고 주장한다. 토라와 교육 이야기는 이미 언급했으니 할례와 성인식 부분을 살펴보기로 하자.

할례는 남자 아이가 출생한 지 8일째 되는 날 성기의 끝부분을 잘라내는 수술을 하는 것을 말한다. 구약에서 시작된 이 원칙은 남성으로서의 위치와 자격을 알려주며, 영원한 동지의식을 갖게 하는 종교적 의식으로 수천 년간 계속되어 왔다. 한국에서도 대부분의 남성들이 종교적 의미가 아닌데도 이 수술을 한다. 하지만 유대인들은 이 의식을 치루어 나이와 관계없이 자신들이 한 민족 한 세대임을 자각하게 하는 것이다.

한국에서는 성인식을 만 20세가 되는 5월에 하지만 이스라엘에서는 일반적으로 만 13세가 되는 날의 바로 다음 날에 성인식을 거행한다. 이 의식은 종교인으로서 자신의 신앙을 이제 책임질 나이라는 의미를 지닌다. 그래서 유대 복식을 입고 이날 행사를 기념하며, 오후에 회당에 나가 직접 설교를 하게 한다. 만 13세의 아이는 이를 통해 당당하게 하나의 자연인이 되었음을 세상에 선포하며, 토라를 히브리어로 읽고 강론해 자신의 성인됨을 만천하에 알린다.

이 성인식은 일반적으로 1년간의 준비가 필요하며, 그동안 부모는 성심성의껏 자식을 돌보면서 이 의식을 잘 치러내도록 기도한다. 유대인 전문가들은 이러한 전통으로 유대인 남자 아이들이 일찍부터 자존감을 높여왔고, 히브리어도 제대로 배울 수 있으며, 스스로 민족의 공동체 구성원이라는 의식을 가질 수 있었다고 말한다. 여기에다 613개라는 율법의 철저한 준수가 세대차의 극복방법이 되었다는 지적도 덧붙인다.

성경의 인물을 인생의 역할모델로 삼다

유대인들에게 가장 존경하는 인물을 꼽으라면 아브라함, 야곱, 요셉, 모세, 선지자 엘리야와 학사 에스라를 꼽는다. 아브라함부터 요셉까지는 앞에서 언급했으니 생략하고 모세의 이야기를 해보자.

모세는 알려진 대로 영화 〈십계〉의 주인공이자 〈이집트 왕자〉의 주인공이다. 40세까지 이집트 왕궁에서 길러져 이집트 왕족으로 살았으며 이집트 수학과 전통, 문화와 교육을 받은 지식인이었다. 하지만 동족 히브리인의 싸움을 말리러 나섰다가 의도하지 않게 한 사람을 죽이고 만다. 이후 그는 이집트를 떠나 40년간 미디안 광야에 나가 양을 치는 목동으로 숨어 살았다. 그러다 그의 나이 80세에 여호와를 만나면서 삶이 달라졌다.

모세는 자신의 형 아론과 함께 이집트 왕궁으로 돌아가 파라오에게서 요셉 이후 불어난 60만 동포(20세 이상 성인 남자 숫자만 그러했다)를 데리고 나와 탈출시킨다. 파라오는 9가지 재앙에도 계속 히브리 노예들의 해방을 거절하다가 이집트의 장자를 모두 죽이는 여호와의 절대적인 권능 앞에서 항복하고 그들을 풀어주었다. 모세는 다시 뒤쫓아오는 이집트 군대를 홍해의 바닷속에 수장하고 광야를 거쳐 가나안 땅, 지금의 이스라엘로 민족의 대이동을 시작했다. 하지만 목표를 앞두고 죽음을 맞았다.

그는 가장 온순하고 여호와의 명령을 순종했으며 십계명을 받아 율법을 전수했다. 이때부터 유대인의 율법 전수가 계승되기 시작한 것이다. 이때부터 모세는 유대인이 가장 존경하는 인물로 기억되어 왔는데, 그를 우상시할 것을 염려한 여호와가 그의 무덤을 찾지 못하게 숨겨놓아 아직까지 알려지지 않고 있다.

학사 에스라(Ezra)는 이스라엘의 포로 시절 이름을 날렸던 중요 인물이다. 에스라는 대제사장 아론의 후손이자 율법을 가르치는 학사였으며, 바벨론에서의 2차 포로귀환 때 백성들을 이끌었던 훌륭한 지도자였다. 그는 예루살렘으로 떠나기 전에 먼저 금식을 선포하고 기도했으며, 예루살렘에 도착한 후 이방 여인과 결혼한 이스라엘 남성들의 잘못을 지적하고 모두 고향으로 돌려보낸 것으로 유명하다. 그는 성전을 건축한 후 백성들을 가르치고 성경 말씀을 자세히 설명해준 인물로 백성들의 신망이 높았다.

유대인은 이런 인물들을 모델로 자신을 갈고 닦아왔다. 본받을 만한 위인과 인물이 많다는 것은 얼마나 다행한 일인가. 비록 나라도 없이 떠돌아다녔지만, 머리맡에서나 회당에서 이런 인물들을 모델로 삼아 자신의 꿈을 키워내며 어둡던 시절을 견뎌냈기에 오늘날의 유대인이 존재할 수 있었다.

협동체 교육, 우리는 하나다

학교교육에서도 학문의 성과를 중요시하지만 조국과 국방을 생각하는 교육이 반드시 선행된다. 이스라엘의 종교는 다수가 유대교이다. 모든 정부의 행사나 이벤트도 종교적이며, 당연히 유대교 의식으로 치러진다. 현재 이스라엘은 주변국과 준전시상태다. 팔레스타인은 독립 이후 분쟁이 끊이지 않는 전쟁 위험지역이라서 언제든지 국가가 부르면 달려나갈 준비를 갖추고 있어야 한다.

디아스포라로 떠돌아다니던 유대인은 학교교육이 불가능했기 때문에 이렇다 할 교육체계가 없었다. 하지만 통일 후 이스라엘의 학교교육에서는 배울 것이 많다. 유대인의 학교교육, 특히 이스라엘의 학교교육은 협동체 교육이다. 이것이 다른 나라의 교육과 가장 큰 차이점이다. 인본주의 교육방식을 취하고 있는 다른 나라들에 비해 이스라엘 교육의 주제는 나보다 다른 사람을 먼저 생각하게 하는 협동체 교육이 주를 이루며, 특히 협동체 이익을 위해 개인을 희생하고 섬기는 이타적 교육이 중요시된다.

그러므로 유대인의 학교교육은 협동체 속에서의 인성과 지혜를 가르치는 것을 주요 목적으로 한다. 인성교육은 모든 나라가 주지하는 바이지만 유대인의 학교교육에서는 실제로 인성을 키울 수 있는 다양한 교육 과정과 종교적 지원이 이루어진다.

유대인에게 지혜란 종교적 개념의 지혜다. 학교교육자들이 가르치는 지혜의 근본은 선과 악을 구분하는 것이다. 선과 악을 구분하는 교육은 이를 실천으로 옮기도록 하는 것에 주안점을 둔다. 신호등을 지키는 교육을 머리로 아는 것이 아니라 무의식적으로도 지킬 수 있도록 반복 학습하고, 보이지 않을 때도 지키는지를 점검하는 것이다. 이는 『논어』에서의 신독(愼獨)과 같은 개념이다.

1953년부터 국가교육법이 시행되면서 현재 이스라엘은 학부모가 원한다면 누구든지 종교교육을 받을 수 있다. 유대교에서 가장 중요한 인물은 목사나 지도자에 해당하는 랍비다. 이스라엘의 종무부는 랍비를 임명하고 서훈을 결정한다. 이스라엘에서 랍비가 되는 것은 우리나라에서 판사나 검사가 되는 것보다 더 큰 영광이다. 이 때문에 학교도 국립학교와 국립종교학교로 나뉘어져 있다. 국립종교학교에서는 탈무드 경전이나 율법을 공부하고, 역사와 국가의 중요성을 배운다.

유대의 학교교육에 대해 알려면 그들의 역사를 이해하는 것이 중요하다. 디아스포라로 떠돌아다닐 때는 교육기관 자체를 설립할 수 없는 상황이었다. 또한 거의 대부분의 역사가 식민지나 포로 시절 혹은 자치구 시절이라서 독립국으로서의 교육 체계·정책이나 자녀 보호정책 같은 것은 생각조차 할 수 없었다.

이러한 상황이니 가정교육 말고는 회당에서 랍비들이 가르치는 종교교육이 전부였다. 당시의 과목은 토라 낭송이나 기도, 찬송, 토라의 위인들 이야기 등이 대부분이었다. 이들은 3년에 율법을 한 번씩 통독하는 것이 기본 과정이었고, 현장에서 배우는 직업교육이 주를 이루었다.

유대인들은 직업을 중요시 여겼다. 그들은 누구나 직업을 가져야 한다고 생각했다. 빈부귀천을 가리지 않고 가져야 하는 하나의 의무라고 생각한 것이다. 예수님은 목수였고, 사도 바울이 천막을 제조하는 사람이었다는 것이 그 증거다. 랍비도 직업을 가진 이들이 나왔으니 직업이야말로 여호와가 유대인 백성들에게 주는 하나의 큰 축복이었다.

종교교육과 직업교육을 소중하게 여긴다

유대인들은 레위지파라고 해서 제사장직을 맡은 그룹을 제외하고는 누구나 다 일을 했다. 주로 목축업과 농수축산업을 했으니 많은 인력이 필요했을 것이다. 그러면서도 직업에 대한 편견이 많지 않았다는 것은 축복이라고 할 만하다. 사농공상의 서열을 매겨 제조업이나 상업을 천하게 여기는 바람에 근대 사회로의 진입이 그만큼 늦어졌던 우리나라와는 달리, 유대인은 어느 민족보다 상업과 제조업에 빨리 눈을 뜨게 되어 나라는 없었어도 부를 이루는 데는 성공할 수 있었다.

유대인들은 애당초 목축업이 근간이었다. 농사와 목축업은 사실 서로 경쟁이나 대립의 긴장관계에 있었다. 농사를 짓는 민족은 강을 끼고 정착생활을 해야 했으므로 양이나 염소, 소들이 풀을 뜯어 먹고 나면 다른 초지로 이동해야 하는 유대인들과는 생각이나 사는 방식이 너무도 달랐다.

요셉의 보호하에 이집트에 이민을 간 유대인들도 이집트인들에게서 멀리 떨어진 고센 땅에 따로 살아야 했다. 목축업은 이집트인이 볼 때는 천한 직업이었기 때문이다. 하지만 양식이 필요한 유대인들은 근간인 목축업이나 식량원인 농사일에 어떠한 차별도 두지 않았다. 나라가 없어지면서 여러 나라에 흩어져 살았을 때는 살기 위해 어떤 직업도 차별할 여유조차 없었다. 당연히 유대인들에게 직업은 귀천의 구분이 없었다.

특히 디아스포라 시절을 오랫동안 겪으면서 의사나 학자, 금융업자, 중개인, 물류업자 등의 직업을 가진 이들이 많았다. 이것은 직업교육에서 은연중에 혼자서도 먹고 살 수 있는 일을 할 수 있게 가르쳤기 때문이었다. 팀워크를 이루고 함께 일하는 직종보다 혼자서 일하는 직종이 많았던 이유는 유대인에 대한 편견이 심해 직장 생활을 지속하는 데 어려움이 많았기 때문이다.

성경에 나오는 누구는 어떤 직업을 가졌고 또 다른 누구는 어떤 일을 즐겼다는 이야기가 어릴 적부터 부모들이나 회당의 랍비들이 즐겨 해주는 화제가 될 정도로 직업은 부지런한 유대인들의 중요한 교육 밑천이 되었다.

이러한 2가지 전통은 현대까지도 이어지고 있다. 따라서 아주 어릴 때부터 종교교육과 직업교육이 몸에 배도록 준비시키는 것이 이스라엘의 근간이 되고 있다고 해도 과언이 아니다.

교육에 대한 투자는 아끼지 마라

이스라엘의 부부들은 대게 맞벌이를 하기 때문에 정부로부터 탁아의 혜택을 받고 있다. 특이한 점은 대부분의 유치원에서 아침식사를 제공하고 있다는 것이다. 마찬가지로 초등학교에도 간식시간 겸 아침식사 시간이 따로 배정되어 있다.

또한 14세까지의 초등 무상교육에서는 기본 학교 과목 말고도 유대교의 경전을 필수로 가르치고 자유롭게 교육하는 것이 특징이다. 게다가 농업과 공업뿐만 아니라 요즘에는 컴퓨터와 통신에 대한 기본적인 교육까지 실시하고 있다고 한다. 초등학교만 졸업해도 사회

생활이 가능할 정도로 기본적인 교육을 다 시켜놓는다.

유대인 자녀들은 대부분 5학년이 되면 아랍어와 프랑스어 등의 외국어도 배운다. 이때부터 기본적으로 3개 국어는 구사할 수 있게 된다. 아랍어를 강조하는 것은 이들과 준전시상태에 놓여 있는 팔레스타인이 아랍권이고, 이스라엘에 들어와 정착한 이들 가운데 적지 않은 숫자가 아랍 출신들이라 활용도가 높기 때문이다.

대부분의 아이들은 때가 되면 유치원을 다니게 된다. 키부츠 같은 공동체에서는 '메타페레트'라고 부르는 육아전문가가 배치되어 있기 때문에 어린이들은 오후 3~4시까지는 이곳에서 협동생활을 하는 경우가 많다. 이때부터 아이들은 철저히 히브리식 교육을 받고, 발표를 중요시하는 교육체계에서 살게 된다.

유대인에게 있어 발표를 제대로 하지 못하는 내성적 아이는 치욕스러운 자식으로 여겨질 정도다. 초등학교에서는 나라에서 큰 사건이 일어날 때마다 학급신문이나 게시판을 이용해 각자 자기의 의견을 표현하도록 유도한다.

이스라엘의 초등학교 1년 예산은 학생당 200만~300만 원 정도 배정된다. 대개 정부의 예산에서 지출되지만 학부모의 부담이 다소 있는 것도 사실이다. 이는 우리나라와 비슷하다. 여기서 한 가지 주목할 것은 교육예산이 전체 예산의 9.8% 정도라는 사실이다. 이것은 국방예산 다음으로 많은 것이라고 한다. 즉 나라를 지키는 것 다음으로 아이들을 가르치는 데 돈을 써야 한다고 믿는 사회적 인식이 보편화되어 있다는 것이다.

1998년부터 이스라엘의 교육은 크게 바뀌었다. 모든 초등학교장은 자신의 재량으로 학교를 운영할 수 있게 되었다. 학교별 차별화나 예산 따기 경쟁이 벌어지지나 않을까 염려하는 반대도 있었지만, 교육이 정부의 획일적인 틀에서 많이 벗어나고 있는 것만은 분명하다. 교사는 일반적으로 일주일에 24시간 정도 수업을 하는데, 보조교사가 있기 때문에 결국 교사 1명당 학생 10여 명 정도를 가르치는 것이다.

현장학습이나 체험학습이 많고 학부모가 참관하는 수업도 일정하게 정해져 있어 교장의 결정에 학부모들이 깊이 관여하게 된다. 이뿐만 아니라 방과 후 수업에서는 외국어나 전공할 교과 과목, 취미로 배우는 과목 등을 들을 수 있다.

과거 이스라엘 국민들은 대부분 외국에서 살다가 들어온 이민자들이었기 때문에 아이들에게 정식 히브리어 교육을 별도로 시켰는데, 요즘은 2세들이 많아져 그럴 필요가 없어졌다고 한다. 국립학교 말고도 사립학교가 있어 별도로 공부가 가능하다.

초등학교 교육에서 좀 특이한 것은 몇몇 학교를 제외하고는 책읽기를 음식에 비유하는 교육 체계를 이용한다는 점이다. 앞에서도 언급했지만 유대인들은 먹는 것이 대단히 중요한 종교적 의미와 기능을 가진다. 그런 관습이 교육에도 투영되어 있다. 예를 들어 초등학교 1학년 아이들에게 히브리어 알파벳(22자로 되어 있음)을 교사가 손가락에 벌꿀을 찍어 쓴 글자를 따라 쓰게 한다. 그러면 아이들은 문자가 꿀처럼 달다고 느껴 공부에 흥미를 느낀다.

또 다른 학교에서는 알파벳을 비스킷 모양으로 만들어 나누어주기도 하고, 케이크 위에 알파벳을 써서 맛을 보여주는 학교도 있다고 한다. 억지로 가르치는 것이 아니라 몸으로 익히고 느낌과 미각, 냄새를 통해 아이들이 스스로 배울 수 있게 하는 것이다. 글을 배우는 것은 곧 꿀이나 케이크처럼 달콤하고 맛있는 것이라고 느낄 수 있도록 감각을 통해 가르친다. 교육에 대한 유대인들의 유별난 정성을 느낄 수 있는 부분이다.

장난감에 대한 열정도 어느 민족보다 별나다. 크게 3세를 기준으로 바뀌는데 3세 이전에는 주로 나무로 만든 짜맞추기 놀이나 단순 리듬악기, 소꿉놀이, 열쇠로 따야 하는 록 박스 장난감 등을 가지고 놀게 한다. 3세가 넘으면 어른의 직업을 모방한 유사 장난감을 준다. 이 점이 다른 민족들과 상당히 다르다. 한국의 남자 아이들이라면 5~7세 정도면 로봇이나 레고 같은 장난감을 갖고 놀고, 또래 여자 아이들은 인형을 갖고 논다. 유대인 자녀들도 그렇지만 여기에 덧붙인 것이 직업을 가르치기 위한 장난감류가 많다는 것이다. 예를 들어 연극용 소품이나 목수도구, 살림살이 키트, 의료기구 장난감, 유사 악기류 등이 그것이다.

또한 이 모든 교육에 앞서 가장 중요한 것은 학교교육과 관계없이 탈무드를 읽힌다는 것이다. 해외에서도 성년이 다 될 때까지 이를 읽지 못하면 빈축을 사기 때문에 열심히 읽는다. 평생 걸려도 다 읽지 못한다는 탈무드를 독파하는 것은 이들의 최대 목표이자 의무사항이라 할 수 있다. 이러한 뜨거운 교육열이 이스라엘과 유대인의 오늘을 있게 했고, 그들의 미래를 밝게 해주는 밑천이 되고 있다.

참전하기 위해 비행기 티켓이 매진되는 나라

지금 이스라엘에 사는 유대인은 약 440만 명 정도이고, 비유대인은 100만 명이다. 앞에서도 잠시 언급했지만 이 비유대인이 없으면 이스라엘은 돌아가지 않는다. 안식일에 일하고, 병원을 운영하고, 3D 직종을 맡아줄 이가 없기 때문이다. 그런데다 이스라엘이 독립할 때 이민이 시작되면서 전 세계 흩어져 있던 디아스포라 유대인들이 들어왔다. 그러다 보니 지금은 무려 130개 국, 80개 언어의 종합전시장이 되었다.

　오랫동안 쫓겨 다니며 살아나기 위해 융통성을 발휘하고 공동체를 만들어 서로 지켜왔기 때문에 서로의 차이를 거리낌 없이 인정한다. 사정이 이렇다 보니 이스라엘 본토는 히브리어, 영어, 아랍어 등 3개 국어를 방송 공용어로 하고 있다.

　하지만 마음을 어디까지 열고 사는가에 대해서는 서로 다르다. 실제 예전 바리사이파가 보여주던 경건한 믿음을 지키는 사람들은 자꾸 줄어들고, 현대적 · 도시적 · 개인적인 이미지와 개념으로 무장한 젊은 세대들이 늘어나고 있기 때문이다.

그럼에도 큰 틀에서는 한 공동체다. 잡음도 있고 불화도 있지만 같이 살아가야 한다는 것을 거부하지는 않는다. 그 공동체가 지혜로 돈을 벌고 함께 울고 웃으며 사는 것이다.

이들은 전 세계 유대인과 한 몸이나 마찬가지다. 아랍과의 1차 중동전쟁 때부터 최근의 이라크 전쟁 때까지 전쟁만 벌어지면 전 세계 유대인 지원병이 이스라엘로 몰려든다. 이 바람에 비행기표를 구하지 못해 조국으로 들어가지 못하는, 이해하기 어려운 조국애가 그들에게는 있다.

이것이 유대인이다. 아무나 유대인을 흉내낼 수 없다. 결코 본받기도 따라하기도 쉽지 않은 조국애가 그들을 하나로 묶어놓고 있는 것이다. 전쟁이 터지면 탈출하려고 비행기티켓이 매진되는 나라는 많아도 전쟁에 동참하기 위해 비행기티켓이 매진되는 나라는 전 세계에 이스라엘밖에 없을 것이다.

공동체와 공교육에 대한 유대인들의 생각

- 유대교를 믿으면서 유대인의 문화 코드를 공유하는 자가 유대인이다.
- 유대교를 믿으면 다른 나라에서 태어났더라도 유대인이 될 수 있다.
- 나라를 지키는 것은 병사가 아니라 학교다.
- 교육자들이야말로 진정으로 마을을 지키는 사람들이다.
- 만약 한쪽 머리에 뜨거운 물을 부었을 때, 다른 쪽 머리도 비명을 지른다면 한 사람인 것이고, 다른 쪽 머리가 아무렇지도 않은 표정으로 있다면 이것은 두 사람인 것이다.
- 세상은 둘 이상의 사람이 협력해서 만드는 것이다.

- 자기 자신의 일만을 생각하고 있는 인간은 사회에서 격리당한다.
- 이상이 없는 교육은 미래가 없는 현재와 같다.
- 모든 교육의 핵심은 유대인 정체성 형성이다.
- 학교교육을 통해 아이들이 진정한 공동체의 의미를 알게 한다.
- 세계 어디에서 살든 이스라엘은 정신적인 수도다.
- 가난한 자와 고아에 대한 교육은 사회 공동체 전체의 책임이다.
- 공동체 생활의 예절을 가르치는 것은 부모의 의무다.
- 상호 돌봐주기를 통해 형성한 공동체의 단단한 유대감이 공동체의 발전을 위해서나 개인의 이익을 유지하는 데도 긍정적인 역할을 한다.
- 유대인 문화에 대한 자부심을 심어주는 것이 학교교육의 이념이다.

10

부모의 교육으로
자녀를 올바르게
키우다

21세기 전 세계의 공통적인 현상 하나로 '파더리스 소사이어티(fatherless society)'라는 말이 있다. 아버지가 없는 사회, 가장이 증발한 사회다. 그로 인해 가정의 질서가 깨지고 사회의 무질서가 나타난다는 연구보고서를 읽은 기억이 있다. 하지만 아직까지도 유대인 사회에선 아버지가 절대적이다.

유대인의 아버지들은 '가정교사'다. 아버지들은 자신들이 어렸을 적 자신의 아버지가 그랬던 것처럼 자식들에게도 전통의 방식으로 가정교육과 종교교육을 한다. 물론 대인관계, 식탁예절, 종교예절, 전통행사에 대한 진행요령을 하나도 빠트리지 않고 교육한다. 그래서 아버지는 절대적 권한을 갖는다.

특히 자녀에게 계속 질문을 하는 방법이 그 특징이다. 그것도 귀납적 질문이다. 이는 개별 종교적 전통의 사례에 관한 이야기를 통해 그 공통된 특징을 이끌어내는 방법이다. 보편적 법칙 또는 일반적인 주장에서부터 특수적 법칙 또는 주장을 끌어내는 연역적 방법과 반대되는 개념이다. 복음서에서 유대인이 질문하고 예수님이 답변하는 모습이 계속해서 그려진 것은 이런 관습에서부터 시작된 것이다.

요란하지 않으면서도 열성적인 가정교육

한국인들이 가정교육에 있어 세계에서 최고라고 생각한다면 그것은 큰 오산이다. 한국인은 사교육시장에서 최고의 열성을 자랑하지만, 정작 부모들은 스스로 자녀를 교육하는 데 서툴뿐더러 시도도 하지 않는다. 한국인들은 돈으로 교사를 사서 자녀를 교육시키지만 유대인들은 가정에서 직접 자녀들을 가르친다.

유대인들의 자식 교육방식을 자세히 들여다보면 배울 점이 많다. 대부분의 유대인 부모들은 교육에 모든 것을 거는 한국의 부모들처럼 요란하지 않다. 다만 평소의 교육방식이 엄격한 편이라 어떤 측면에서는 불쌍할 정도로 규칙적이고 종교적이다. 하지만 "엄하게 키운 자식이 효도한다"는 우리 속담처럼, 자기 몫을 잘하는 아이들로 키워내고 있는 것은 분명하다.

전 세계에 퍼져 있는 유대인들은 사는 곳도 각기 다르고 국적도 다르지만 교육방식은 비슷하다. 겉으로 보기에는 엄격하지만 속을 들여다보면 오히려 한국보다 어떤 면에서는 자유롭고 간섭도 없는 편이다. 엄격한 율법의 전통아래 실용정신을 강조하는 유대인의 교육 모습은 우리와 비교해볼 만하다.

유대인 중에는 유독 수재와 천재가 많다. 노벨상 수상자의 30%가 유대인이라는 말이 나오는 것으로 볼 때 이 말이 틀린 말은 아닌 듯하다. 유대인들이 세계 금융계를 이끌며 미국 월가를 휩쓸고 있다는 것은 이미 잘 알려진 사실이다. 독일에서는 히틀러가 유대계 인종청소를 자행했음에도 불구하고, 현재 독일 자본시장의 상당 부분을 유대인 자금으로 운용한다는 소문이 나돌기도 한다. 그 정도로 유대인들은 각국의 지도층에 깊숙이 박혀 있다.

아인슈타인, 음악가 번스타인, 재계의 거물 로스차일드, 헨리 키신저 등 세계의 과학계와 정치계, 예술계도 유대인이 많은 비중을 차지하고 있는데, 비공식적인 통계로는 세계를 이끄는 인물의 3분의 1이 유대인이라는 주장이 나올 정도다.

그러면 이런 상황은 유대인들의 두뇌구조가 특별히 뛰어나기 때문일까? 유대인들을 연구해온 많은 학자들은 그 이유를 주로 종교적인 것에서 찾지만, 다른 전문가들은 유아교육에서의 차이라고 보고 있다. 아주 어릴 때부터 인성과 지성을 계발하는 유대인의 교육이 지금의 두뇌들을 만들었다고 보는 것이다.

영어로 'Jewish mother' 라는 말이 있는데 이것은 유대인들에게는 다소 귀에 거슬리는 단어다. 이는 '유대식 어머니' 라는 말인데 지독하게 잔소리하는 엄마, 또는 안달복달하는 엄마, 또 끝없이 아이들을 들볶는 엄마를 가리켜 비하하듯 쓰인다. 하지만 나쁜 의미로만 쓰이는 것은 아니다. 아이들에게 공부의 중요성을 끊임없이 강조하는 의미로도 사용되는데 그것이 유대인 어머니에게는 너무나 당연한 책무이기 때문이다. 따라서 세계에서 가장 학구열이 높고 자녀에 대한 교육열이 강한 민족이 유대 여성이라는 평가를 받고 있는 것이다.

그렇다면 유대인들의 어머니는 어떻게 교육시키고 어떻게 자녀를 다루고 있는지 살펴보자.

유대인들의 가정교육 방침 10가지

필자는 과거 유대인의 교육방법을 자세히 보고 듣기 위해 유대인 여성에게 직접 그 비결을 물은 적이 있었다. 그녀가 고백한 내용을 듣고 나니 한국 부모들, 필자조차도 반성할 점이 너무 많다는 것을 깨달았다.

그녀는 자신의 집에는 10가지 교육방침을 벽에 써붙여놓고 있는데, 늘 읽고 반성하며 스스로 좋은 어머니가 되려고 노력한다는 것이다. 그 내용은 다음과 같다.

1. 하나님을 철저히 알아야 한다.

2. 힘보다 머리를 써라.

3. 토라의 말씀은 꿀처럼 달다.

4. 외국어를 많이 배워야 살아남는다.

5. 다른 사람과 달라야 한다.

6. 잠자리에 들기 전 반드시 책을 읽어준다.

7. 자녀에게 절대로 무의미한 돈을 주지 않는다.

8. 자기 물건을 철저히 구별해 쓰도록 가르친다.

9. 전쟁에서 조국과 함께 적에게 절대로 굴복하지 않도록 가르친다.

10. 절대로 거짓말을 하지 않는다.

　그녀가 말한 바로는 유대인들은 대부분 비슷한 교육방침을 가지고 있다고 한다. 이런 것은 과거 우리에게도 있었다. 가훈이라고 해서 가문에 면면이 전해 내려오는 가르침과 교훈이 그것이다. 사자성어로 된 것이 대부분이지만, 이것을 4개 조항, 5개 조항으로 구체적으로 가르치던 사람들도 있었다.

　하지만 요즘은 이러한 교육방침을 거의 찾아보기 어렵다. 초등학교에서 숙제로 가훈을 써오라고 하면 그제서야 부랴부랴 만들어내는 것이 흔한 일이 되었다. 물론 핵가족화로 인해 가문의 흐름을 알고 있는 노인과 아이들의 접촉이 줄어든 점도 그 원인 가운데 하나일 것이다. 하지만 이보다 더 큰 문제는 먹고 살기 위해 돈 버는 데

열중하느라 자녀들의 교육은 전문가에게 맡기고 돈으로 때우는 경우가 더 많기 때문이다.

하지만 유대인 부모들은 다르다. 그들은 토라의 말씀과 신앙을 중심으로 하나의 나무처럼 연결되어 있다. 우리처럼 개개의 가정 사정에 따라 생활하는 것이 아니라, 가정과 가정끼리 나아가 마을과 공동체끼리, 나아가 조국 안에서, 그리고 더 나아가 전 세계에 흩어져 있지만 토라를 중심으로 모두 하나가 되어 있는 것이다.

유월절 식사가 만들어내는 공동체 삶

탈무드에는 "음식이 있는 곳에 토라도 있고, 토라가 없는 곳에는 음식도 없다"라는 말이 있다. 식탁에서의 토라교육이 유대인의 가정교육의 근간임을 말해주는 예다.

이어령 선생은 "먹는 행위 자체가 문화이고 그것이 곧 서로를 알게 하는 중요한 행동양식이다. 예수 그리스도가 최후의 성찬을 한 이유도 거기에 있다"고 이야기한다. 우리 민족도 먹는 것에서 문화를 이루고 전통을 만들어왔기 때문에 고유의 전통을 잘 지켜온 편이지만 유대인만은 못한 것이 사실이다.

먹는 것에서도 유대인만큼 별난 인종들이 없다. 유대인들은 음식·사람·행위를 깨끗한 것, 부정한 것, 거룩한 것으로 나누려 든다. 또한 안식일 식사 때 부정한 것을 먹지 않기 위해 무척이나 노력한다. 그들은 먹기에 적합한 음식을 만들기 위해 돈을 벌고 돈을 쓰며 요리를 한다. 이 음식을 가리켜 '쿄셔 푸드(Kosher Food)'라고 부른다.

그들에게 있어 모든 식사는 곧 종교적 행위다. 하나님을 축복하고 감사하며 먹고 마시는 것이 식사의 전부라고 할 수 있다. 빵을 들고 축복하고 아이들에게 가르치는 매주 금요일 안식일에는 일반적으로 3시간 이상 요리한 음식을 올려놓는데, 전형적인 슬로 푸드의 식단이다.

코셔 푸드에는 확실한 기준과 분류가 있다. 채소와 과일은 코셔 푸드에 속한다. 해산물은 지느러미와 비늘로 코셔와 그렇지 않은 것을 구분하기 때문에 우리가 즐겨 먹는 추어탕이나 꽃게 매운탕, 연포탕, 새우탕 같은 것은 먹을 수 없다. 고래, 상어, 미꾸라지도 마찬가지다. 조류는 대개 코셔 푸드에 속하고, 육류의 경우는 좀 복잡하다. 되새김질하는 동물과 굽이 갈라져 있는 동물은 코셔 푸드에 속한다. 하지만 굽이 갈라져도 되새김질을 하지 않으면 코셔 푸드가 아니다. 이러한 분류기준 때문에 전 세계인의 사랑을 받고 있는 돼지고기가 유대인들에게는 천대를 당한다.

젖과 고기를 한데 섞지 않는다는 규칙 때문에 치즈와 고기도 같이 먹지 않는다. 이처럼 유대인은 지나칠 정도로 종교적이고 거룩한 것을 따지며, 먹어야 할 것과 먹지 말아야 할 것을 가린다. 이러한 식

습관 때문인지는 몰라도 유대인은 장수하는 것으로도 유명하다.

지나치긴 하지만 이런 거룩하고 고상한 식사 장면들을 기억해둘 필요가 있다. 우리 민족 가운데 얼마나 많은 이들이 이렇게 정성들여 식사를 준비하고 먹으며 진지한 대화를 나눈다는 말인가?

특히 유월절 식사는 유대인만의 공동체 식사이며 고난 속에서 나라와 민족을 지켜온 전통을 가정 개개인에게 전달하고 교육하며 나누는 중요한 행위다. 이렇게 유대인은 식사를 통해 오늘날의 뛰어난 인종으로 발전한 것이라고 단언한다면 지나친 표현일까? 확실한 것은 가족과 공동체를 근간으로 한 유대인 민족의 단합은 우리가 배우고 익혀야 할 중요한 문화 풍습이라는 사실이다.

철저하게 지켜지는 유대인 특유의 가족문화

유대인들은 요셉과 그의 후손들이 경험한 기적들을 기억한다. 매년 유월절이 되면 이들은 유월절 식사를 나눈다. 유월절은 죽음의 공포를 이겨내고 이집트 포로 시절에서 벗어나 탈출한 것을 기념하는 유대인 최고의 명절이다.

이 식사 가운데 가장 중요한 부분은 바로 출애굽 사건을 재현하는 것이다. 즉 모세가 히브리 백성들을 데리고 이집트에서 탈출하는 극적인 엑소더스 장면을 재현해 자녀들에게 이야기해주는 것이다. 출애굽 사건은 애니메이션 〈이집트 왕자〉나 영화 〈십계〉에서 홍해를 가로질러 나오는 바로 그 사건이다. 유대인 자녀들이 이 사건을 질문하면 아버지가 대답하며 당시를 생각하게 하고 이를 기억시키고 기념하게 하는 것이다.

이 출애굽 사건은 요셉에게서 시작되었다. 요셉이 이집트 총리로 있을 때 중근동 전 지역에 가뭄과 흉년이 들자 요셉의 아버지 야곱이 그의 아들들에게 양식을 사러보낸 것이다. 요셉은 수십 년 만에 만난 형제들을 만나 그들을 용서하고, 아버지 야곱과 나머지 식솔들을 다 데려오게 했다.

이때 이집트로 이동한 요셉의 가족들은 70명이었다. 이 가족은 수백 년간 불어나서 장정(20살 이상의 남자 성인)만 60만 명에 달하는 대부족으로 발전한 것이었다. 다른 이집트 왕조의 파라오가 이들을 핍박하고 노예로 부려먹자, 지도자 모세가 여호와의 명령으로 이들을 데리고 탈출하게 된 것이다.

이처럼 유대인 자녀들은 언제나 요셉으로부터 시작된 이집트 대탈출 이야기를 즐겨 들으며 자란다. 자신의 조상인 요셉의 탁월한 위기관리 능력과 통쾌한 반전 이야기를 들으며 자신의 꿈을 키워왔던 것이다.

요즘은 인터넷이 보편화되면서 부모가 들려주는 이야기는 무용지물이 되었다. 더이상 시어머니는 경륜과 지혜의 어른이 아니다. 김장 담그는 법과 메주에 곰팡이 더는 방법까지 인터넷을 통해 자세히 알 수 있다. 아버지와 아들이 대화를 닫고, 엄마와 딸이 더이상 속내를 이야기하지 않게 되었다.

하지만 유대인의 가족 문화는 요셉과 모세로 이어지는 이 대탈출에 대한 이야기를 하는 것을 유월절 식사 전통으로 아직까지 철저하게 지켜지고 있다. 지나친 개인주의로 전통과 풍습이 사라져가고 있는 우리가 배워야 할 부분이다.

고기를 잡아주지 말고 잡는 법을 가르친다

유대인들은 머리를 쓰도록 가르치는 것은 몸을 써서 돈을 버는 것보다 머리를 써서 돈을 버는 것이 훨씬 낫다고 생각하기 때문이다. 머리는 빌려도 건강은 빌릴 수 없다는 어느 어른의 이야기와는 판이하게 다르다. 예일이나 컬럼비아대학 교수의 20%가 유대인이라는 보고가 나올 만큼 미국 대학교수직에 많이 진출해 있다. 확실히 유대인들은 어릴 때부터 삶의 지혜를 가르치고 있는데, 그런 방법 가운데 하나로 외국어 교육열을 들 수 있다.

이들은 토라를 읽기 위해 기본적으로 히브리어를 배워야 한다. 초등학교 때부터 2~3개 외국어를 가르치는 경우가 꽤 많다. 유대인 중에 2개 국어를 못하는 사람은 거의 없다고 한다. 이는 외국에 나가 사는 디아스포라 유대인이든 고국 이스라엘에 사는 유대인이든 마찬가지라고 한다. 좀 뛰어난 아이들은 5개 국어까지도 가르친다.

유대인들은 아주 어릴 때부터 잔인하다 싶을 정도로 외국어를 가르친다. 원래 전 세계에 흩어져 사는 탓에 자국어와 거주하는 나라의 말뿐만 아니라 그 밖에 한두 개 언어는 기본으로 구사할 줄 알아야만 하는 것이다.

특히 유럽의 유대인들은 독일어와 프랑스어를 기본적으로 쓰고 히브리어와 영어를 배우니 4~5개 국어는 무리 없이 구사하는 것이다. 또한 스페인어와 헝가리어, 중동언어나 동양권의 언어도 쓸 수 있는 이들이 적지 않다.

어릴 때부터 자립심을 배우는 유대인 아이들

유대인들에게 틀린 것은 곧 죄를 뜻하는 것으로 받아들인다. 이들에게 있어 죄란 곧 과녁을 벗어난 것이다. 여호와의 명령을 벗어난 것을 뜻한다. 과녁은 곧 여호와의 명령이고 율법이며 토라의 진정한 생명 있는 말씀이다.

유대인들은 틀린 것, 죄가 되는 것에 대해 대단히 민감하다. 예수님이 유대인들을 보면서 지나치게 형식적이라고 지적한 바 있었는데, 형식주의자라는 비판을 받을 만큼 틀리고 죄가 되는 부분에 근접하지 않기 위해 애를 쓰는 민족이다.

한편으로 다른 사람들과 다르게 가르친다는 것은 어떤 의미일까? 다른 사람보다 뛰어나다는 의미가 아니라 달라야 한다는 것이다. 유대의 부모들은 똑같은 분야에 똑같이 경쟁하도록 가르치는 것이 아니라 자신의 개성과 특기, 적성에 맞춰 직업과 전공을 선택하도록 가르친다. 서로 다른 분야에 널리 퍼져가며 전문화되므로 경쟁이라기보다는 오히려 협동을 가르친다.

또한 자립심을 위해 일찍 유치원이나 공동체 교육에 자녀들을 참여시킨다. 부모와 떨어지게 하고, 각자의 소유를 분리시켜 관리하게 하는 것도 중요한 가르침 가운데 하나다.

의미 있는 부분일 수밖에 없다. 자기 물건을 구별하도록 가르치는 것이 자립심을 키우는 교육이다. 이러한 점에서 볼 때 우리 아이들이 오랫동안 어머니의 영향력에서 벗어나지 못하는 것은 대부분 우리네 어머니들이 내 것과 네 것을 구별하지 않고 쓰게 한 탓이 아닌가 생각된다. 유대인들은 어릴 적부터 이 부분을 가려 가르친다.

유대인식 선민교육이 가져온 긍정의 힘

유대인 가정교육의 장점은 무엇보다 자신이 특별하다고 생각하는 긍정의 힘일 것이다.

"너는 여호와가 특별히 창세 전에 선택한 백성이다. 그러므로 세상에서 하나밖에 없는 너를 창조하신 여호와께 감사하고 최선을 다해라."

이런 마음가짐을 가지고 세상을 살아가는 유대의 젊은이들과 여느 민족의 젊은이들이 맞부딪친다면 누가 이길 것인가?

유대인 자녀를 가르치는 선민교육의 항목들을 정리해보면 다음과 같다.

1. 나는 여호와가 선택하신 백성이다.
2. 나는 뚜렷한 자긍심을 가지고 살아가는 우수한 백성이다.
3. 나는 토라의 가르침에 벗어나지 않으므로 그 누구보다 정직하고 성실하다.
4. 나는 조상들이 해왔고 지금 우리가 해야 할 가문에 주어진 책무를 다하기 위해 최선을 다한다.
5. 나는 뿌리를 알고 그것을 자랑스러워한다.
6. 나는 고난이 올지라도 그것조차 여호와가 허락하신 것임을 기억하며 최선을 다한다.

이렇게 교육받은 유대인의 자녀들은 어느 민족보다 강인하고 긍정적이다. 과연 누가 그들을 상대할 수 있을 것인가? 괜히 지독한 유대인이라는 말이 나왔겠는가?

질문을 아무리 많이 해도 나무라지 않는다

한때 『질문력』이라는 책이 일본에서 베스트셀러로 떠오른 적이 있다. 요컨대 질문을 많이 하면 대인관계에서부터 조직적응력, 학습능력, 인간관계 등 모든 분야에서 자신의 능력이 발전된다는 요지의 책이었다. 이 책은 도쿄대 법학부를 졸업하고 최단시간에 사법시험에 합격한 저자가 자신이 겪은 수많은 법정 경험을 바탕으로 깨닫게 된 질문의 기술을 알려준다. 예를 들어 거짓말하는 상대를 옭아매 진실을 털어놓게 하려면 어떻게 질문해야 하는지, 나보다 우월한 전문가는 어떻게 구슬릴 수 있는지 등을 구체적으로 이야기한다.

질문의 힘은 이렇게 크다. 유대인들은 이것을 이미 탈무드 시절부터 알고 있었다. 유대인 철학자인 이븐 가비롤(Ibn Gabirol)은 "현명한 사람의 질문에는 절반의 대답이 들어 있다"고 말했다.

앞에서 이야기했지만 유대인 부모들도 자녀들에게 질문을 많이 하는 편이다. 자녀 역시 부모에게 질문을 많이 하도록 교육받는다. 학교에서 성적이 떨어지는 것보다 더 창피한 일은 아무것도 물어보지 않고 그냥 돌아오는 것이다. 이들에게서 질문은 곧 생각하는 힘이다. 유대인 부모들은 자신의 자녀들이 그냥 시키는 것만 하고 온 것을 슬퍼하며 이를 문제시한다. 또한 유대인의 어머니는 자녀가 잠들기 전에 늘 책을 읽어준다. 이 작지만 꾸준한 교육이 한 유대인의 일평생을 좌우한다. 질문은 아무리 많이 해도 나무라지 않으며 학습을 반복하고 또 반복하게 한다. 그래서 탈무드는 이런 이야기를 남겨놓았다.

> "배운 것을 100번 반복한 사람보다 101번 반복한 사람이 낫다."

질문도 마찬가지다. 10번 질문한 사람보다 11번 질문한 사람이 더 낫다는 것이 유대인들의 생각이다.

아버지 중심주의와 어머니의 무한한 사랑

유대인에게는 이런 말이 전해온다.

> "축복은 아버지로부터 온다. 아버지는 가문을 지키는 가정교사이며, 어머니는 가정의 평화를 지키는 모태다."

이 말대로 유대의 아버지는 자녀들에게 가문과 전통을 가르치고 토라를 읽게 함으로써 한 사람의 유대인을 만들어낸다. 그야말로 홀

롱한 가정교사다. 아버지가 직접 가르치므로 한국에서처럼 아버지를 돈 벌어다주는 기계쯤으로 여기는 풍토는 없다.

반면에 가정의 평화는 어머니가 지킨다. 이들은 촛불을 켜고 아이들에게 책을 읽어주며 사랑과 자애로 아이들을 가르친다. 아버지가 훈계를 한다면 어머니는 권면하는 역할을 한다.

촛불을 켜고, 책을 읽어주며, 신앙의 상담자 역할까지 하는 것이 유대인 어머니들이다. 유대의 어머니들은 아이가 자라기 시작하면 신본주의 사상으로 신앙과 구제를 가르치며 어른과 공동체를 존경하도록 철저하게 훈련시키고 가르친다. 그 근본은 물론 자녀에 대한 무한한 사랑이다.

"하나님이 모든 곳에 계실 수 없으므로 어머니를 만들었다"라는 유대 속담이 있다. 유대의 자녀들은 이런 사랑을 먹으며 자라나는 것이다.

시작부터 끝까지 여호와 중심이다

지금처럼 공식적인 교육기관이 없었을 때에는 가정과 회당이 유일한 유대인 자녀들의 교육기관이었다. 이들이 가정을 떠나 회당에 가서 다음의 구절을 맨처음 배우게 된다.

여호와를 두려워하여 섬기는 것이 지식의 근본이다.   잠언 1:7

지식에 해당하는 히브리어 '빈(bin)'은 '분별하다, 이해하다'라는 뜻으로 어떤 대상에 대한 선악의 분별력뿐만 아니라 예리한 통찰력으로 그 본질을 정확히 파악할 수 있는 이해력을 의미한다.

올바른 지식이 하나님으로부터 나온다는 생각이 일반인들과 유대인들의 근본적 차이점이다. 그래서 유대인들은 지식을 갖는 것이 세상에서 큰 무기를 갖는 것보다 낫다고 여긴다.

지혜 있는 자는 강하고 지식 있는 자는 힘을 더하나니.   잠언 24:5

이처럼 유대인들은 지식에 대한 간절함이 여느 민족보다 강해 자녀들이 솔로몬처럼 지혜로운 사람이 되기를 원한다. 마치 우리나라 사람들이 세종대왕이나 이순신 장군과 같은 위인을 존경하듯 그들은 솔로몬의 지혜와 지식을 본받으려는 것이다.

유대인의 가정이나 회당에서의 교육은 오늘날 미국이나 프랑스와 같은 서구의 교육과는 상당한 차이가 있는데 이러한 차이는 출발에서부터 나타난다. 오늘날 서구의 교육은 인본주의를 바탕으로 한다. 따라서 무엇보다 인간 개인의 존엄성과 가치를 중요하게 여긴다. 인간은 어떤 조건에서도 무시당하지 않아야 하며, 평등하게 교육받아야 한다는 것이 기본 교육정신이다. 체벌이나 기합 같은 것은 상상

할 수도 없다. 그것은 전근대적인 교육방법으로 지금은 세상에서 자취를 감춰야 한다는 것이 인본주의 교육전문가들의 생각이다.

하지만 유대인들은 다르다. 강압적이고 일방적이라 할지라도 그것이 하나님의 명령이라면 당연히 들어야 하고, 필요에 따라서는 체벌이나 기압도 가능하다고 생각한다. 현대의 유대인 가정에서 체벌이 확실히 줄기는 했지만 아예 없어진 것이 아니며, 필요한 경우 체벌로 다스리는 것을 당연시한다.

> 어린이의 마음에는 미련이 담겨 있다. 징계의 채찍으로 때리면 없앨
> 수 있다.
>
> 잠언 22:15

> 아이에게 회초리를 아끼지 마라. 매질한다고 죽지는 않는다.
>
> 잠언 23:13

이런 성경 「잠언」의 구절이 유대인들의 자녀 교육에 대한 철학이자 지침이다.

유대인들은 예배할 때 토라로 공부한다. 토라는 모세오경을 근간으로 하는 유대인들의 경전이다. 우리의 경우 아버지나 어머니가 자식보다 늦게 기독교에 입문해 자식에게 배우거나 도움을 받을 수도 있다. 하지만 유대인들에게는 있을 수 없는 일이다. 모든 부모들은 자녀의 교사가 되어야 하기 때문이다.

모두가 함께 토라를 공부하고 서로 질문하며 배워간다. 또한 그 노하우를 듣고 자녀들에게 가르친다. 언제나 부모는 교사와 같다. 소위 '스승과 부모는 하나'라는 말이 유대인에게는 정말 딱 맞는다.

유대인은 태어날 때와 죽을 때 반드시 하는 말이 있다고 한다. 성경에서 가져온 구절로 토라의 중심 사상이 되는 말이다. 「신명기」 6장 4절에서 9절까지의 이 구절은 생과 사를 결정짓는 첫 순간과 마지막 순간까지 유대인들이 암송하는 생명의 쉐마 구절이다.

이스라엘아 들으라. 우리 하나님 여호와는 오직 유일한 여호와이시니 너는 마음을 다하고 뜻을 다하고 힘을 다하여 네 하나님 여호와를 사랑하라. 오늘 내가 네게 명하는 이 말씀을 너는 마음에 새기고 네 자녀에게 부지런히 가르치며 집에 앉았을 때에든지 길을 갈 때에든지 누워 있을 때에든지 일어날 때에든지 이 말씀을 강론할 것이며 너는 또 그것을 네 손목에 매어 기호를 삼으며 네 미간에 붙여 표로 삼고 또 네 집 문설주와 바깥 문에 기록할지니라. 　　　　　　　　　신명기 6:4-9

이 구절을 이해하지 못하면 유대인들을 이해하기 어렵다. 이들은 하나부터 열까지 이렇게 여호와 하나님의 신앙으로 시작하고 마감하기 때문이다.

자녀교육에 대한 유대인들의 생각

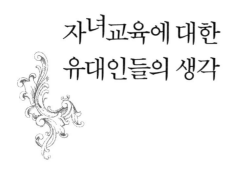

- 자식에게 물고기를 잡아주지 말고 물고기를 잡는 법을 알려줘야 한다.

- 동물은 생겨나면서부터 완성물이다. 그러나 갓 태어난 사람을 어떤 모습으로 만들어가느냐 하는 것은 부모의 책임이다.

- 자녀가 성장해가면서 부모를 잊는 것은 부모의 교육이 나빴기 때문이다.

- 부모의 말을 어기는 자가 자라 자식을 낳으면, 그 자식이 자기 말을 듣지 않는다.

- 한 사람의 아버지는 열 자녀라도 양육할 수 있으나, 열 자녀는 한 아버지를 봉양할 수 없다.

- 지혜로운 아들은 아버지를 기쁘게 하고, 우매한 아들은 어머니를 슬프게 한다.

- 자녀들을 위협해서는 안 된다. 벌을 주든 용서를 하든 둘 중 하나를 택하라.

- 아이들이 누구나 다 좋아하는 것은 그들의 단점을 지적하지 않기 때문이다.

- 자식은 어릴 때는 엄하게 꾸짖고, 자란 뒤에는 꾸짖지 마라.

- 마소에게는 밭 갈고 짐 나르는 것을 어렸을 때 가르쳐야 한다. 짐승이 나이가 들면 가르칠 수 없다. 이것은 사람도 마찬가지다.

- 어린아이는 엄하게 가르쳐야 하지만, 두려워하게 만들어서는 안 된다.

- 자식을 꾸짖을 때는 따끔하게 꾸짖되, 꾸짖음을 계속 반복하지 마라.

- 아이들은 부모의 말씨를 흉내 낸다. 아이의 말씨만으로 그 부모의 성품을 알 수 있다.

- 자식과의 약속을 지키지 않으면 그것은 자식에게 거짓말을 가르치는 것과 같다.

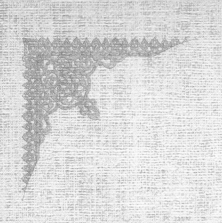

지식 그 너머에 있는
생존의 지혜를 얻다

11

고대 유대인들에게 '배움'은 지금의 지식과는 달랐다. 유대인의 탈무드는 일반적인 교육지침서들과 다르다. 즉 지식만을 전달하기 위한 배움이 아니었다는 것이다. 고대 유대인들이 '지식을 배운다'는 것은 단순한 정보를 익히는 것이 아니라, 인격을 배워 사회의 원만한 구성원이 되도록 하는 전과정을 말한다. 또한 구성원이 되는 것만에 목표를 두는 것이 아니라 생존을 이어가는 중요한 지침으로 탈무드를 깊이 생각하고 기억하려고 애썼다.

　현대인들은 지식과 정보의 습득을 통해 결과의 개선을 요구하지만 유대인들은 지식과 정보의 습득 과정을 더 중요시하며 그것이 실제 삶에서의 생존방식으로 적용받기를 원했다. 결과보다 과정을, 그리고 현실에서의 적용을 중요시하기 때문에 지금까지 전통을 보전할 수 있었던 것이다. 탈무드는 그런 전통의 지혜를 한데 모은 보물창고인 것이다.

탈무드를 알면 유대인이 보인다

"유대인들의 삶과 사상, 경제관념을 이해할 수만 있다면 세계의 지도층이 된 그들의 의식과 경제의 흐름을 읽을 수 있다"는 말은 결코 과장된 말이 아니다. 이런 유대인들의 생각의 배경과 신앙과 철학을 읽을 수 있는 것이 탈무드라는 점에서 탈무드는 대단히 중요한 자료로 부각된다.

　유대인을 이해하지 않고서 탈무드 이야기를 하기 어렵다. 탈무드는 '연구', '교훈', '교의(教義)'의 뜻을 가진다. 전해오는 바에 따르면 탈무드는 '여호와 하나님이 계시하신 율법(모세오경)을 보호하는 울타리'적인 위치를 갖고 있다는 것이다. 유대인 학자들은 포로 시절의 혹독한 고통을 겪으며 다시는 유대인들이 하나님의 계시된 도덕적 교훈과 의식적인 명령과 지시를 위반하거나 소홀히 해 우상을 숭배하지 않도록 하기 위해 율법에 충분한 주석과 해설을 붙여놓은 것이라고 했다.

　그렇다면 탈무드는 유대인들이 스스로 창작한 것인가? 원전이 따로 있는 것인가? 탈무드의 기원을 찾아 올라가면 구약성서에 이른다는 것을 알 수 있다. 유대인의 모든 신앙, 전통, 문화, 사회적 질서는 구약성서 중에서도 특히 모세오경(「창세기」, 「출애굽기」, 「레위기」, 「민수기」, 「신명기」)에서 비롯된 것이다. 유대인에게서 구약성서를 빼면 아무것도 남는 것이 없다고 할 정도로 모세오경은 중요하다.

따라서 탈무드 역시 옛 유대인들의 사상만을 모아 창작한 것이 아니라, 사회의 발전에 따라 구약성서를 보완해 유대인 후손들에게 남김으로써 선조들의 지혜와 전통, 율례와 규범으로 활용하도록 만든 위대한 문화유산으로 볼 수 있다. 그러므로 탈무드를 이해하기 위해서는 성경, 특히 구약성경의 앞부분 모세오경에 주목해야 한다.

모세오경이라 일컫는 성경의 구약성경 앞부분을 이해하지 않고 유대인이나 탈무드를 이해하려는 것은 무리다. 어느 한 쪽만 보고 유대인이나 탈무드를 이해했다고 말하는 것은 마치 장님이 코끼리 다리를 만지면서 코끼리를 봤다고 이야기하는 것과 마찬가지다. 하지만 사실 탈무드에 대해 제대로 알고 있는 사람은 드물다. 그러므로 탈무드가 도대체 무엇인가를 살펴보지 않고서는 본론으로 들어가기 어렵다.

이에 앞서 유대인들에게 지침이 되는 것으로 무엇이 있는지부터 살펴보자. 우리나라의 경우 『논어』 등 사서삼경이 학문과 도덕과 사상의 근본이 되는 지침이었던 것과 같이 유대인에게는 쉐마와 토라가 그들의 문화와 생활에 근간이 되었다. 이들의 삶은 곧 쉐마와 탈무드이다.

쉐마는 구약 신명기 6장 4절에 나오는 '들으라' 라는 히브리 단어이다.

"이스라엘아 들으라. 우리 하나님 여호와는 오직 유일한 여호와이

시니."

"Hear, O Israel: The LORD our God, the LORD is one."

'들으라'는 뜻의 쉐마란 단어는 유대인들이 듣고 순종할 만한 하나님의 말씀이라는 뜻이 담겨 있다. 쉐마는 잠잘 때나 길을 걸을 때나 공부할 때나 쉴 때나 항상 마음속에 담아두어야 할 귀중한 교훈이다. 쉐마는 구약성경 신명기 6장 4절~9절, 11장 13절~21절, 그리고 민수기 15장 37절~41절, 이렇게 3가지 말씀으로 구성되어 있는데 언제든 유대인들이 지켜야 할 지침으로 받아들여지고 있다.

쉐마의 두 번째 기록인 신명기 11장을 보면 이것이 유대인에게 얼마나 중요한 지침인지 알 수 있다.

너희는 나의 이 말을 너희의 마음과 뜻에 두고 또 그것을 너희의 손목에 매어 기호를 삼고 너희 미간에 붙여 표를 삼으며 또 그것을 너희의 자녀에게 가르치며 집에 앉아 있을 때에든지, 길을 갈 때에든지, 누워 있을 때에든지, 일어날 때에든지 이 말씀을 강론하고 또 네 집 문설주와 바깥 문에 기록하라.   신명기 11:18-20

이에 따라 유대의 어머니들은 이를 베개 머리맡에서부터 가르치며 잘 때도 죽을 때도 이를 암송하게 한다. 그러니 쉐마는 곧 유대인들의 신앙고백이자 삶의 지침인 것이다.

토라는 흔히 모세오경을 가리킬 때 쓰는 말이다. 하지만 그것은 좁은 의미로 쓸 때이다. 좀더 넓은 의미로는 모세오경과 성문서 및 선지서를 보탠 것이 토라다. 더 넓은 의미로는 탈무드를 포함한 유대인 교육 전체를 토라라고 부르기도 한다.

탈무드는 유대인들의 포로 시절에 생겨난 것으로 보고 있다. 원래 유대인들의 조국 이스라엘은 사울, 다윗, 솔로몬이 통치할 때만 통일왕국이었다. 성경의 기록에 따르면 유대인들은 솔로몬 이후 하나님께 죄를 지어 이들의 나라가 갈라졌는데, 북이스라엘 왕국과 남유다 왕국으로 나뉘어 남북국 시대로 오랫동안 살았다.

그러다가 기원전 722년 북이스라엘 왕국이 아시리아 제국에게 먼저 멸망당하고, 기원전 587년 남유다 왕국이 바빌론에게 멸망당한 것이다. 이후 이들은 나라 없이 사방을 떠돌아 다녔으니 2천 수백 년간을 나라 없이 살다가 1948년에 팔레스타인에 돌아와 다시 나라를 세운 것이다.

다시 바빌론 시절로 돌아가서, 당시 바빌론 위정자들은 유대 왕국에서 쓸 만한 인재들은 모조리 포로로 잡아가버렸다. 성전이 무너지고 나라가 없어진 상태에서 포로로 잡혀간 이들은 자신들을 지켜갈 무엇인가가 간절히 필요했다. 유대 지도자들은 학문이나 신앙, 풍속들이 바빌론에 동화되지 않기 위해 새로운 교육 체계가 필요했다. 이에 랍비라는 교육자가 회당을 중심으로 사람들을 가르쳤는데, 신앙·언어·풍습·문화·전통 등을 철저히 지키도록 교육하기 시작했다.

이때 교육 교재로 활용한 것이 미드라쉬, 미쉬나, 탈무드였다. 미드라쉬는 토라(모세오경)를 해석한 일종의 설교집이자 해설서다. 미쉬나는 토라에 기록되지 않은 하나님의 말씀을 기억하게 하고, 당시 시대상에서 만나는 현실적인 문제점을 해석하며 가르쳐주는 토라의 해설집이다. 탈무드는 서기 200년부터 500년 사이에 미쉬나에 생활별 사례별 실천 사항을 보탠 것이라고 보면 된다.

이 대단한 경전 실천사례집을 6개의 카테고리로 나누고 63권의 작은 책으로 꾸민 것이 오늘의 탈무드다. 탈무드는 팔레스타인에서 만든 것(서기 275년경)과 바빌론 포로 시절에 만든 것(서기 499년경)으로 나뉜다.

그렇다고 유대인들을 수구적이고 보수적이며 자기들만의 세계 안에 폐쇄된 사람들이라고 생각한다면 그것은 큰 착각이다. 이들은 끊임없이 발전해가는 민족이다. 예를 들어 나치가 그들을 박해할 때 자기방어 수단으로 크라브 마가라는 무술을 만들었는데, 이것은 세계에서 가장 뛰어난 특공무술을 모두 모아 그 가운데서도 가장 치명적이고 공격적인 기술을 뽑아 자신들의 것으로 만들어낸 것이다. 이 무술을 통해 이스라엘 군이 강력한 전투 실력을 입증한 것은 이미 세계에 널리 알려진 사실이다.

앞서 말한 6개의 카테고리는 농사와 절기, 축제, 여자와 가정, 시민법, 성결, 의식법이다. 이것을 다시 다른 범주로 나눌 수 있는데 우선 꼭 지켜야 할 법에 관한 것을 할라카라고 부른다. 이는 모세오경과 그 해석 부분으로 전체의 3분의 2를 차지한다. 나머지 3분의 1은 '하가다'라고 부르는 조상들의 지혜 모음서로 유대인의 생활, 풍속, 경제관념, 부부와 자녀문제, 농사짓기 등으로 구성되어 있다.

그러면 탈무드의 저자는 누구일까? 탈무드는 유대인 전체가 함께 쓴 것이라고 할 수 있다. 그들이 겪고 느끼고 살아온 모든 것의 기록물이기 때문이다. 그럼에도 대개 탈무드는 약 2천 명 정도의 뛰어난 저자들(랍비라고 추정된다)이 이러한 기록들을 추려서 쓴 것으로 보인다. 탈무드는 이렇게 구성되어 63권 525장, 4천187절의 문장, 분량으로는 1만 2천 페이지에 달하는 유래 없는 대기록물이 된 것이다.

탈무드는 오늘도 진화한다

탈무드가 21세기 오늘을 사는 인생의 모든 선택을 일일이 제시하지 않는다는 점에서 탈무드야말로 고문이자 구문이다. 하지만 탈무드를 해석하는 랍비와 학자들, 심지어 일반 서민들조차 탈무드를 불변의 법칙으로 받아들이기보다 오늘날의 시각에서 재해석할 수 있을 것으로 생각한다. 그렇기 때문에 3천년 이상 탈무드의 정신이 오늘까지 계승되고 있는 것이다. 불변의 탈무드가 아니라 진화하는 탈무드, 오늘날 재해석이 가능한 탈무드, 이것이 탈무드의 강점이다. 한

가지 사례를 들어보자.

유대땅에 요세푸스(38~100년)라는 인물이 있었다. 유대인들은 아마도 오늘날까지 그를 싫어하는 인물 리스트 가운데 하나로 생각할지도 모른다. 왜냐하면 요세푸스는 유대 함락 직전에 투항해 유대인의 명예를 더럽히고 로마에 충성했던 인물이라고 평가받기 때문이다. 그와 관련한 이야기를 좀더 깊숙이 들여다보자.

요세푸스는 로마 식민지였던 유대땅 갈릴리 지역의 지사로 임명된 촉망받는 젊은이였다. 30세의 바리새인에 군사경험 전무, 이것이 그의 약점이었다. 그럼에도 유대지도층은 요세푸스가 로마와의 항전에서 큰 몫을 담당해 주기를 기대했다. 사실 유대는 이미 로마의 공략 앞에 거의 대부분이 무너진 상황이었다.

유대땅 저항군을 상대할 로마군 전투책임자는 베스파시안(서기 9년 11월 17일생) 장군이었다. 로마의 폭군 네로는 그를 유대땅의 진압장군으로 임명했다. 그때 그의 나이 57세였다.

유대, 유다, 유다왕국

유대(Judea)는 팔레스타인 지역을 일컫는 말로 이스라엘 12지파 가운데 유다 지파의 이름을 따서 유다로 불렸다. 이후 바벨론 포로생활에서 돌아온 다음부터 예루살렘 주변지역을 일컫는 지명이 되었다. 유대는 좁은 의미로는 예루살렘 부근이지만 예수님이 나시던 즈음 유대왕 헤롯대왕이 다스리던 모든 땅(갈릴리 사마리아 이두매 해안도시까지를 포함)을 유대땅으로 불렀다.

유다(Judas)는 사람들 이름이다. 예루살렘 교회의 지도자였던 유다는 예수님의 젖동생이고 신약성경 『유다서』의 저자이기도 하다. 유다 지파의 첫 조상유다도 있다. 예수님을 판 가롯 유다도 있다.

유다왕국(유대왕국, Kingdom of Judah)은 고대 이스라엘의 정치 사회를 가리킨다. 솔로몬 사후 분열한 남북 왕국 가운데 남왕국이 유대왕국이다. 북왕국을 이스라엘이라 불렀다.

그는 로마군인으로 견실하고 침착하며 강건하고 지혜로운 인물이었다. 그는 유대땅 가운데서도 가장 저항이 강한 갈릴지 지역을 주요 공략지역으로 삼았다. 갈릴리는 유대에서 가장 호전적이고 반항적인 곳이었다. 베스파시안은 요세푸스가 요타파타성에 진주중이라는 소식을 듣고 67년 6월 9일 성의 봉쇄를 명령했다. 가파른 절벽 위에 위치한 요타파타 성을 향해 로마군은 돌과 화살을 쏴 넣는 카타풀트라는 일종의 공성기를 동원해 진입을 시도했으나 양측 모두 수많은 사상자를 낳고 말았다.

성의 공략은 실패하고 말았다. 그리고 한참동안 지리한 게릴라전과 로마군의 인해전술이 맞부딪쳤다. 물과 식량부족으로 고통당했지만 성안의 유대인들은 절대 포기하지 않았고 요세푸스는 선두에 서서 이들을 지휘했다. 함락은 쉽게 이루어지지 않았다. 요세푸스는 걱정하던 유대민족으로부터 환호와 명예를 얻었다. 그러나 파성퇴라는 성을 부수는 무기까지 동원한 끝에 드디어 성 한 구석이 무너졌다. 그리고 다시 일진일퇴 후 어느 배신자의 밀고로 성안의 모든 전투원들이 지쳐 떨어져 자고 있는 소식이 들려온다. 베스파시안은 큰 저항없이 성을 공격해 차지하고 저항군 사령관 요세푸스를 찾기 시작한다.

하지만 함락 직전, 요세푸스는 수십 명의 부하와 탈출해 성밖의 깊은 동굴 속으로 숨어들었다. 그러나 이 역시 어느 배신자의 밀고로 알려져 동굴이 완전히 포위되고 만다. 베스파시안은 세 차례나 요세푸스의 투항을 요구하면서 목숨을 보장하겠다고 말한다. 여기서 생존을 원하는 요세푸스와 자살을 원하는 부하들과 싸움이 벌어진다. 부하들은 종전까지 자신의 사령관이던 요세푸스의 목에 칼을 겨누며 명예를 더럽히지 말고 함께 죽기를 강요한다. 그러나 요세푸스는 탈무드의 지혜를 생각하고 여호와 하나님에 대한 신앙을 앞세워 자살을 거부한다.

"내가 내 목숨을 끊는 것은 내 목숨이 내 것이라는 생각 때문이다. 이미 로마가 유대땅 모두를 점령했다. 우리는 싸울 만큼 싸웠다. 더 이상의 죽음은 무의미하다. 하나님은 로마가 우리 땅을 차지하시기를 원하시는 것이 분명하다. 나는 내 자신의 목숨을 내가 끊지는 못한다."

완강한 그의 거부 때문에 동굴 안에서는 칼부림까지 일어나게 된다. 절체절명의 그 때, 요세푸스는 한 가지 기가 막힌 제안을 한다.

"우리 모두가 죽어버리면 우리가 함께 싸웠던 이 명예로운 전투를 누가 기억해 줄 것이며 후세에 누가 우리를 본받아 이 거룩한 성전을 계속할 것인가? 우리 중에 누군가는 살아남자. 생존자 서른 명 가운데 제비를 뽑아 먼저 뽑힌 사람이 다음 사람에게 죽임을 당하고 최종적으로 살아남는 사람은 투항하여 이 전쟁을 영원히 기억하게 하자."

모두들 이 기막힌 제안에 동의했고 결국 28명이 제비에 뽑혀 죽음을 장렬하게 맞았다. 하나님의 도우심으로 요세푸스는 마지막까지 살아남았다. 남은 한 명도 설득하여 같이 투항하고 베스파시안 앞으로 나갔다. 그리고 그는 전쟁 역사가로, 기록자로 100세까지 살아남았다. 그는 탈무드 곳곳에서 가르쳐주던 제비뽑기와 신앙을 연결해 자신에게 찾아온 죽음을 극복해냈고 탈무드의 가르침을 현실에 맞게 적용함으로써 살아남았다.

만일 그가 죽고 말았다면 유대땅의 그 장렬한 전쟁사는 결코 기록으로 남지 못했을 것이다. 그는 『유대 고대전쟁사』라는 불멸의 역사서를 남겨 로마전쟁사에서 유대와의 마지막 명전투 장면을 객관적으로 묘사한 역사가로 이름을 날렸다. 그가 없었다면 유대 고대사와 로마 중근동 전쟁사에 큰 구멍이 났을 것이다.

유대인은 스스로를 '기억의 민족', '기록의 민족'이라고 칭한다. 아브라함 시절부터의 조상들 삶을 본받아 배우고 익히며 기록으로 남겨 이를 소중히 지켜왔기 때문이다. 이집트에서 노예살이를 했던 것까지 기억하고 자랑한다. 거기서 여호와가 모세를 통해 구출해낸 것을 기념하고 기록으로 남겨 암송한다. 예언자의 조언을 기록하고 그것을 기록으로 남겨 전통으로 삼는다.

이들은 실패와 좌절, 슬프고 괴로웠던 기억도 모조리 기억하고 기록해 후대에 전한다. 일제의 잔재라고, 부끄러운 과거라고 없애버리며 허물어버리는 우리네 일부 문화정책과는 다르다. 요세푸스는 한편으로는 그들의 아픈 기억이다. 그러나 그들은 역사의 교훈을 그만큼 중요하게 여겨 지금도 기억하고 있다.

참 지혜는 힘센 무기보다 훨씬 낫다

탈무드에선 지식과 지혜를 굳이 구분하자면 지식에 경륜을 보태 삶의 교훈으로 삼아 실천하는 것을 지혜라고 부른다. 지혜를 그렇게 엄격한 의미로 본다면 유대인처럼 지혜로운 민족도 없을 것이다.

우리나라는 과거에 침략보다는 평화를, 실리보다는 명분과 도덕을 중요시했다. 또한 조상의 지혜를 기록으로 남기고 세계 최고 수준의 '실록'을 보존해 역사의 교훈으로 삼았다. 하지만 전란과 가난, 당파적 소모적 명분론, 지도자의 훈련부족 등의 여파로 각 개인의 교훈을 가정마다 제대로 전하고 가훈을 만들며 교육의 체계를 제대로 계승하려는 노력이 부족했다. 반만년 만에 가난에서 벗어나 무역량 세계 10위권의 선진국 수준으로 달려왔으나, 정신적 해이와 가정 파괴 및 해체, 지나친 경쟁 속에서 도덕성 문란 등의 심각한 사회

문제를 야기하고 있다.

하지만 유대인 사회는 나라 없이도 탈무드라는 책으로 이 모든 문제를 큰 잡음 없이 해결해왔다. 경제력도 어느 정도 갖추었고 국방력은 세계 최고 수준이다. 전 세계에 흩어진 유대인들의 지원 아래 지구촌의 오피니언 파워도 대단히 크다. 그러면서도 도덕성이나 개인과 가정의 규범을 철저히 지켜오고 있다.

유대인 가정에서는 안식일마다 모든 식구들이 한자리에 모여 아버지에게 탈무드 이야기를 듣는다. 이처럼 유대인들에게는 안식일이 곧 가족의 날이며 교육의 날이다. 이러한 덕분인지 오늘날의 유대인들은 어느 민족보다 전통과 현대의 삶의 괴리, 세대차이, 빈부의 격차가 적은 편이다.

유대인들은 교육하면 시설이 잘 갖추어진 학교보다는 가정을 먼저 떠올린다. 그만큼 가정에서 배우는 교육을 중요하게 여긴다. 유대인 자녀들은 학교에서는 지식을 배우고, 가정에서는 지혜를 배운다. 우리나라처럼 학교나 사교육 기관에 다 맡겨버리지 않고 부모가 직접 나서기 때문에 부모와 자식 간의 생각이나 가치관의 차이도 덜하다.

"인간의 지혜가 탈무드라는 경전을 낳았고, 인간의 지식이 대륙간 탄도탄을 만들어냈다"는 말이 있다. 지식은 날마다 새롭게 발전해가지만 지혜만은 옛날과 차이가 없다고 유대인들은 믿고 있다. 이러한 이유로 유대인들은 수천 년 전에 만들어진 성경과 탈무드를 믿는 것이다. 이들은 지식이 기록된 책과 지혜가 기록된 책을 구별하고 있으며, 지식의 책 못지않게 지혜의 책을 읽는다.

지혜를 우리가 생각하는 지혜로만 보지 말자. 유대인들은 참 지혜는 여호와로부터 온다고 믿었다. 그래서 지혜가 힘센 무기보다 낫고 전차와 창칼보다 나은 무기라고 했다.

지혜로 인해 집이 세워지고, 슬기를 통해 집이 견고해진다. 지식을 통하여 그 방에는 온갖 귀하고 아름다운 보물들이 채워진다. 지혜로운 사람이 힘센 자보다 낫고, 지식 있는 사람이 무사보다 낫다.

쉬운성경 잠언 24:3-5

유대인들은 탈무드가 지혜의 경연장이며 세대를 뛰어넘는 교훈집이므로 탈무드만 제대로 공부해도 세상 누구보다도 지혜로울 수 있다고 생각한다.

"금전의 차용은 거절해도 좋으나 책을 빌려주지 않는 것은 도리가 아니다."

이 말은 탈무드에 있는 율법 가운데 하나다. 예로부터 유대인들은 '학문과 책의 민족'이라 불릴 만큼 배움을 중시했다. 유대인에게 배움이란 사람에게 피와 같을 것이라고 여긴다.

산소 없는 공기가 의미가 없듯이, 배움 없는 유대인들은 유대인이라고 할 수 없다. 이렇듯 배움을 종교적인 측면에서 지켜야 할 의무로 삼고 있는 민족은 유대인뿐일 것이다.

세계 인류가 문맹을 벗어난 것은 20세기에 들어와서였고 그것도 일부에 불과했다. 하지만 유대인만은 태어나면서부터 토라와 탈무드를 배우면서 쓰고 읽는 공부를 한다. 이들은 이때부터 배움이란 곧 신의 가르침이므로 모든 사람이 함께 해야 하는 것으로 생각한다. 오늘날에도 유대인에게는 이러한 강한 전통의식이 면면히 이어지고 있는 것이다.

오래도록 배우고 끊임없이 실천하라

예수님이 바리사이파를 나무라는 부분 가운데 이런 구절이 있다.

기도할 때에 위선자들처럼 하지 마라. 그들은 사람들에게 보이려고 회당이나 길 모퉁이에 서서 기도하기를 좋아한다. 내가 너희에게 진정으로 말한다. 그들은 이미 자기 상을 다 받았다. 기도할 때에 골방에 들어가 문을 닫고, 숨어계시는 네 아버지께 기도하여라. 숨어서 보시는 네 아버지께서 네게 갚아주실 것이다. 기도할 때에 이방 사람들처럼 아무 의미 없는 말을 되풀이하지 마라. 그들은 많이 말해야 하나님께서 들어주실 것으로 생각한다.

그들을 닮지 마라. 너희 아버지께서는 구하기도 전에 너희에게 무엇
이 필요한지 이미 아신다.　　　　　　　　　　쉬운성경 마태복음 6:5-8

이것은 바리사이파들이 다른 사람들이 다 보는 곳에서 기도하는
것을 나무라는 말이다. 진정한 기도는 마음속에 있는 것을 홀로 아
뢸 수 있어야 한다는 이야기다.

기도는 하는 사람의 모양이나 시간과 관계가 없다. 여호와에게 드
리는 기도는 여호와에 대한 경건한 마음으로 짧게 하는 것이 옳으
며, 배움은 오랜 시간에 걸쳐 학문과 진리를 배워야 한다는 것이다.

유대인에게 학문이란 진리를 탐구하는 행위다. 그런데 진리란 결
국 여호와의 말씀이고 곧 성경이다. 그러므로 기도만큼 학문도 열심
히 해야 한다고 생각한다. 그렇기 때문에 유대교를 믿지 않는 유대
인이라 할지라도 인생에서 학문을 가장 소중하게 여기는 전통만은
따르는 것이다. 그리고 실천하기를 원하는 것이다. 그냥 기도만 하
고 그냥 배우기만 하는 것이 아니라 계속해서 실천하는 것, 행위로
보여주는 것이 더 중요시된다. 그래서 탈무드를 행동철학의 책이라
고 부르는 것이다.

배움과 참 지혜에 대한
유대인의 생각

- 인생이란 것은 현인에게는 꿈이요, 어리석은 자에게는 게임이요, 부자에게는 희극이요, 가난한 자에게는 비극이다.

- 인간은 20년 걸려 깨달은 것을 불과 2년 만에 잊어버릴 수도 있다.

- 세계는 진실, 법, 평화의 3가지 바탕 위에 서 있다.

- 영리한 사람과 현명한 사람은 차이가 있다. 현명한 사람이 결코 벗어나지 못할 곤란한 상황에서 요령 있게 빠져나오는 사람이 영리한 사람이다.

- 삶은 정답이 없는 것, 답보다 질문이 더 중요하다.

- 눈이 보이지 않는 것보다 마음이 보이지 않는 것이 더욱 불행

하다.

- 당신의 혀에게 '나는 모른다' 라는 말을 열심히 가르쳐라.

- 무엇이든 세상에 쓸모없는 것은 없다. 아무리 하잘것없는 것이라도 소홀히 대해서는 안 된다.

- 다른 사람을 칭찬할 줄 아는 사람이야말로 가장 칭찬받을 만한 사람이다.

- 친구가 화났을 때 달래려고 하지 말고, 친구가 슬픔에 잠겼을 때는 위로하려 하지 마라.

- 아내를 이유 없이 괴롭히지 마라. 하나님은 그녀의 슬픔방울을 세고 계신다.

- 금전의 차용은 거절해도 좋으나 책을 빌려주지 않는 것은 도리가 아니다.

- 지혜로 인해 집이 세워지고, 슬기를 통해 집이 견고해진다.

- 부자란 자신이 갖고 있는 것에 만족할 수 있는 사람이다.

12

거짓을 버리고
인내와 절제로
유혹을 이기다

거짓말과 담배의 공통점은 중독성이 강하다는 것이다. 한 번 중독이 되면 끊기도 어렵고, 하면 할수록 늘어나며, 결국엔 자신과 이웃을 해치게 된다. 거짓말을 하는 것은 쉽지만 하고 싶어도 참고 절제하는 방법을 익히는 것은 정말 어렵다. 필자는 사람들로부터 "창세기에 창조주 여호와는 왜 선악을 알게 하는 나무를 두셨는가?"라는 질문을 자주 받는다. 유대인들은 이에 대해 창조주의 권한이라고 생각한다. 필자가 여기에 한 가지 이야기를 더 하자면 여호와 하나님은 인간에게 절제력을 가르치기 위해 선악을 알게 하는 나무를 두신 것이다.

즉 인간과 우주를 창조하신 분이므로 못하실 일이 없지만, 스스로 참고 인류를 불쌍히 여기며 자비와 용서로 인간을 사랑하는 것이 다 절제의 힘 아닌가. 시키는 대로만 한다면 로봇과 다를 것이 무엇이겠는가. 하지만 선악을 알게 하는 나무를 통해 할 수 있지만 참는 것, 약속을 했기 때문에 지키는 것을 여호와 하나님은 인간에게 가르치시려 한 것이다.

성공의 절반은 인내에서 비롯된다

토라에서 말하는 죄의 개념은 사람의 행위나 상태에서 여호와 하나님의 성품과 일치하지 않는 것을 의미한다. 즉 육신에 속한 것으로 행위, 상태, 본질의 죄를 다 죄라고 일컫는 것이다. 죄는 히브리어로 '하타' 라고 하며, '아원' 이나 '페샤' 등으로 부르기도 한다.

  '하타' 는 주로 죄에 대해 사용되어 온 말로 여호와 하나님의 기준에 미달되는 것을 의미한다. 비유로 말하자면 화살이 과녁에 맞지 않는 상태가 '하타' 이다. 과녁에서 벗어난 것이 죄라는 말이다. '아원' 은 불법이나 유죄 등에 사용되어 온 말로 여호와의 기준을 왜곡하거나 탈선하는 행위를 말한다. 또한 '페샤' 는 거역이나 반항의 행위에 붙여 써온 말로 여호와 하나님의 뜻에 거역하는 인간의 행위를 지칭한다.

  「창세기」에 따르면 여호와와의 약속을 어기는 것이 죄다. 여호와는 에덴동산에 인간을 창조하시고 나무 두 그루를 심었는데, 그 중 하나가 선악을 알게 하는 나무였다. 여호와는 아담에게 이렇게 명령했다.

여호와 하나님이 그 사람에게 명하여 이르시되 동산 각종 나무의 열
매는 네가 임의로 먹되, 선악을 알게 하는 나무의 열매는 먹지 마라.
네가 먹는 날에는 반드시 죽으리라 하시니라.   창세기 2:16-17

이것이 창조주의 지상 명령이었다. 하지만 아담의 부인 하와가 뱀
의 모습을 한 사탄의 꼬임에 넘어가 그 나무의 열매를 따먹게 된다.
여호와의 명령을 어긴 인류는 죽어야 했지만, 여호와께서 그들을 불
쌍히 여겨 당장의 죽음은 면하게 해주는 대신 육체로는 영생할 수
없는 벌을 주었다. 또한 아담에게는 평생 일을 해서 먹어야 하는 고
통을 주고, 하와에게는 출산의 고통을 내렸다. 하지만 그 가운데서
도 먼 훗날 여자의 후손 중에 메시아가 나타나 인류를 구원해줄 것
이라는 희망도 주었다. 「창세기」 3장 15절에는 이런 원시복음 사상
이 담겨 있어 절망할 수밖에 없는 인간에게 희망을 남겨두셨다. 이
것이 「창세기」 인간 창조와 타락 이야기의 요지다.

그렇다면 하와는 무엇 때문에 창조주와의 약속을 어기고 선악을
알게 하는 나무의 열매를 따먹었을까? 이는 곧 죄가 될 것을 알고 있
었는데도 말이다. 앞에서 잠시 언급했지만 죄란 유대인에게는 과녁
을 벗어난 것과 같다. 하나님이 원하는 표적에 정확히 맞추지 못하
는 것 자체를 죄로 여긴 것이다.

특히 유대인은 거짓(false, lie)이라는 단어에 대해 민감하게 반응한
다. 거짓이란 사실과 다른 것이나 사실이 아닌 것을 사실처럼 꾸미

거나 그렇게 말하는 것을 말한다. 성경, 특히 모세오경에서 말하는 거짓은 하나님보다 자신을 주인으로 생각하는 교만한 마음을 가리키는 데 사용되곤 한다. 하와는 에덴동산의 주인이 자신이라고 여겼기 때문에 그와 같은 죄를 저지른 것이다.

거짓이라는 말은 하나님을 배반하는 행위인 우상숭배, 복술, 주술과 관련해 사용되기도 한다. 또한 여호와 하나님께서 말씀하시지 않은 것을 하나님의 이름으로 속여 예언하는 사람들에게도 자주 적용되었다.

유대인은 모세의 율법에서 이것을 금했고(출애굽기 20:16, 레위기 19:11, 신명기 5:20 참고), 거짓 고소와 거짓 증거를 경계하는(신명기 19:15-21 참고) 등 거짓말하는 것을 가장 큰 죄로 여겼다. 그러다 보니 탈무드에는 입과 혀, 귀에 대한 이야기가 유난히 많고 그것을 경계하는 교훈들도 많이 나타났다.

"당신들 혀에는 뼈가 없다는 사실을 잊지 마라."

이 이야기는 말로써 잘못할 수 있는 인간의 약점을 경계한 것이다. 비밀도 지키기 어렵고 욕도 참기 어렵다. 유대인은 사탄에게 이용당하기 가장 쉬운 것이 혀라고 생각한다. 그러다 보니 이런 탈무드 교훈도 나와 있다.

"입보다 귀가 높은 위치에 있음을 알라."

"입은 하나요, 귀는 두 개가 있음을 기억하라."

"사람은 태어나면서부터 말하는 것을 금방 배우게 되지만 침묵하는 법은 좀처럼 익히지 못한다."

"평소에 거짓말을 잘하는 사람은 대단히 뛰어난 기억력을 갖지 않으면 안 된다."

아담과 하와는 그 절제력을 잃어버렸기 때문에 벌을 받은 것이고 인류의 죄도 시작되었다. 유대인은 거짓말을 피하려고 노력하는 것을 큰 절제력으로 보았다. 이에 대해 탈무드에서는 이렇게 이야기한다.

"성공의 절반은 인내에서 비롯된다."

천하의 의인 노아도 술과 자녀교육에 실패하다

노아는 대단히 의로운 인물이었다. 「창세기」에 따르면 노아는 120년 간이나 방주를 만들어 인류가 멸망당할 위기에 8명의 생존자를 남기고 그들로 인해 인류를 다시 번성하게 한 인물이다. 여호와 하나님이 그를 그만큼 의롭게 여기고 귀한 임무를 맡긴 것이다.

하지만 노아는 임무를 마치고 홍수 후 그 많던 물이 빠진 다음 실수를 저지른다. 포도주를 너무 많이 마신 나머지 취해 옷을 다 드러낸 채로 잠이 든 것이다.

유대인들은 노아가 2가지 잘못을 저질렀다고 생각한다. 성경에서는 노아를 천하의 의인이자 당대에 완전한 자이며 하나님이 의롭게 여긴 자라고 기록하고 있는데, 감히 노아에 대해 잘못했다고 이야기하는 것은 불경스러운 일이지만 유대인들은 그가 술에 취했었다는 점을 지적한다. 노아는 절제를 하지 못했다. 술에 취해버렸기 때문이다. 유대인 중의 유대인이던 사도 바울은 술에 대한 문제를 이렇게 지적한 바 있다.

낮에와 같이 단정히 행하고 방탕하거나 술 취하지 말며 음란하거나 호색하지 말며 다투거나 시기하지 말고.　　　　로마서 13:13

그런데 노아는 술이 깬 후 자신의 잘못을 뉘우치기는커녕 도리어 아들의 문제를 지적하고 그를 저주했다. 물론 노아의 아들 함이 벗은 아버지의 하체를 보고 나쁜 생각을 하며 성적인 상상을 한 것은 큰 잘못이다.

여기서 우리는 아담의 아들 가인을 생각하게 된다. 가인이 하나님께서 동생 아벨의 제물만 받아주고 자신의 것을 받아주지 않았을 때, 화를 내지 말고 오히려 자신의 잘못이 무엇인지를 찾으며 회개하고 동생을 축하해주었더라면 인류의 죄악을 번창시키는 상황은 피했을 것이다.

노아 역시 아들을 위해 가장 먼저 눈물을 흘리며 회개했어야 했다. 그래서 유대인은 노아에 대한 생각을 여러 각도로 보며 자신들의 삶에 반영하려 하는 것이다.

기독교도들과 유대인들의 가장 큰 차이점은 기독교도는 성경을 읽는 데 반해, 유대인들은 배운다고 생각한다는 것이다. 그래서 유대인들은 끊임없이 해석을 달고 새로운 시각으로 토라를 살피며 랍비들의 해설을 붙여나간다. 탈무드는 이런 유대인의 성격과 성경에 대한 태도를 그대로 반영하고 있다. 그 결과 노아에 대한 비판적 시각을 가진 것이다.

두 번째는 노아의 자녀 교육 문제다. 이것은 셈, 함, 야벳으로 이어지는 세 아들에 대한 교육 문제이기도 하지만 그 뒤편 후손들 문제도 이야기가 가능하다.

노아가 만취해 실수를 저지른 후에 성경에는 그에 대한 언급이 거의 나오지 않는다.

> 홍수 후에 노아가 삼백오십 년을 살았고, 그의 나이가 구백오십 세가 되어 죽었더라.
>
> 창세기 9:28-29

노아가 홍수 후에 350년을 살았다는 것이 일반적으로 우리가 성경을 읽고 느끼는 생각이다. 하지만 유대인들은 이 사건을 다른 각도로도 해석한다. 그들은 노아의 홍수 이후 노아가 살아 있는 동안에 정말 큰 사건이 일어났고, 그 후손들의 영화와 오욕을 다 보고 죽었기 때문에 그가 일정 부분이라도 후손들의 삶에 영향을 미쳤을 것이라는 생각을 하는 것이다. 그렇다면 도대체 노아의 홍수 후 350년 간 무슨 일이 일어났을까? 노아의 나이로 따지는 역사의 기록을 살펴보자.

480세	방주 공사 시작
500세	아들들 출생(2대손 셈, 함, 야벳)
600세	홍수
	홍수 후 노아의 직업 : 포도나무 과수원 운영
	-술에 취함, 아들의 반역
602세	아르박삿 탄생 3대손
637세	셀라 탄생 4대손
667세	에벨 탄생 5대손
701세	벨렉 탄생 6대손 → 벨렉이라는 이름은 '나누다' 라는
	뜻 : 바벨탑 언어 혼잡사건(연도 미상. 추정임)
713세	르우 탄생 7대손
763세	스룩 탄생 8대손
793세	나홀 탄생 9대손

| 822세 | 데라 탄생 10대손. 이 이름은 아브라함의 부친이라는 점에서 기억해두자. |
| 892세 | 나홀(이 사람은 앞의 나홀과는 다른 나홀), 하란, 그리고 아브라함(11대손) 탄생 |

(이 사이 어느 시점에서 데라가 아브라함과 사라와 롯을 데리고 갈대아 우르를 떠남)

| 950세 | 노아 사망 |

이렇게 성경의 기록을 펴놓고 따져보면 노아는 자기 생애에서 술에 취해 아들을 잃어버리는 저주와 바벨탑 사건으로 온 민족의 언어가 혼잡해지는 놀랍고 슬픈 사건을 경험했다는 것을 알 수 있다.

결과론적으로 노아는 의로운 사람이라는 평판을 받고 하나님께도 크게 쓰임을 받았지만, 자녀 교육과 후손 교육에서는 부족한 부분이 많았다는 평가를 받는다. 필자도 이 생각에 전적으로 동의한다. 노아는 성공한 의인이었지만 한 평생을 놓고 평가할 때 실수도 적지 않았고, 자녀 교육에도 문제가 있었다.

몇 가지 분명한 것은 노아의 직업 선택도 썩 현명하지 못했고(술 취하게 하는 포도나무 농사를 선택했다), 이후 350년간 후손들은 바벨탑 사건으로 다시 한 번 인류의 교만을 선보였다. 노아가 아직 죽기 전이었으니, 그가 여호와 하나님을 올바르게 가르치지 못한 것이 아닐까 생각해보게 되는 것이다.

"성경의 의인을 그렇게 매도하다니"라며 기독교인들이 필자를 비판할 소지도 있을 것이다. 하지만 성경의 의인들이 자녀 교육에 성공하지 못한 사례는 얼마든지 발견된다는 점을 독자분들께 주지하는 바다.

사무엘 선지자를 만든 엘리 제사장의 아들들은 하나님의 벌을 받았다.

> 엘리는, 자기의 아들들이 스스로 저주받을 일을 하는 줄 알면서도, 자식들을 책망하지 않았다. 그 죄를 그는 이미 알고 있다. 그래서 나는, 그의 집을 심판하여 영영 없애 버리겠다고, 그에게 알려 주었다.

표준새번역 사무엘상 3:13

또한 다윗 역시 전쟁과 처첩 문제로 아들을 잘못 가르치고 집안 교육을 제대로 하지 못해 아들 압살롬으로부터 비참한 골육상쟁을 벌여야 했다. 아들 솔로몬이 다윗의 왕국을 제대로 지키지 못하고 둘로 쪼개지게 한 잘못을 저질렀다.

분열 왕국 시대의 왕으로는 히스기야가 있다. 히스기야도 대단한 믿음의 소유자였고, 여호와 하나님으로부터 15년간 생명이 연장되는 놀라운 기적을 맛본 사람이었다. 하지만 그의 아들 므낫세는 52년간 통치한 장수왕이자 최악의 왕으로 악한 일을 많이 한 사람이었다.

므낫세가 유다에게 범죄하게 하여 여호와께서 보시기에 악을 행한 것 외에도 또 무죄한 자의 피를 심히 많이 흘려 예루살렘 이 끝에서 저 끝까지 가득하게 하였더라. 므낫세의 남은 사적과 그가 행한 모든 일과 범한 죄는 유다 왕 역대지략에 기록되지 아니하였느냐.

열왕기하 21:16-17

믿음이 좋고 의인이라고 여긴 사람들의 자식들이 어떤 악의 모습을 가졌는지 여러분은 보았을 것이다. 이를 통해 스스로 자식들을 어떻게 가르치고 그들에게 어떻게 모범을 보일 것인가에 대해 심각하게 고민해봐야 할 것이다.

노아는 의인이었음에도 자손들이 썩 잘되지 못하고 결국 교만죄에 빠져 바벨탑을 쌓다가 다 쫓겨났고, 그의 아들 중 한 명은 아예 저주의 길로 들어섰다. 그 출발은 술에 취한 단순한 죄에서부터 시작했으나, 교만과 거짓으로 이어져 마침내 자녀 교육 실패라는 결과를 낳았다. 그래서 유대인들은 탈무드에서 말한다.

"이스라엘이 나라를 잃은 것은 스스로 교육하지 않은 탓이다."

여호와 신앙을 자녀들에게 올바로 교육시키지 않은 죄로 이스라엘의 정신적 지주이자 수도이며, 성전이 위치한 예루살렘이 멸망당했다고 여기는 것이다.

술에 대해 경계의 눈초리를 늦추지 마라

술은 인류가 오래 전부터 가까이해온 식품이었으나 그 해악이 만만치 않아 늘 경계의 대상이 되어 왔다. 성경에는 술로 인해 망신을 당한 두 사람 이야기가 나온다. 바로 포도농사를 지었던 노아와 소돔과 고모라에서 간신히 살아나온 롯이 그 주인공이다. 노아는 술에 취해 벌거벗고 자다가 아들에게 조롱을 당했고, 롯은 술에 취해 자다가 딸들과 근친상간하는 죄를 짓고 만다.

그런데 성경에서는 다른 술의 이름은 없고 술이란 모두 포도주를 가리키는 말이었다. 특히 솔로몬은 구약성경 「잠언」을 통해 술 마시는 자의 실수와 폐해를 정곡을 찔러 경계하는 한편, 술이 가난의 원인이 되고 있음을 지적하고 있다.

술 취하고 음식을 탐하는 자는 가난하여질 것이요, 잠자기를 즐겨 하는 자는 해어진 옷을 입을 것임이니라   잠언 23:21

하지만 탈무드에는 포도주뿐만 아니라 성경 시대 이후 생산된 모든 술에 대해 경계의 눈초리를 늦추지 말라는 당부의 글이 있다.

"술에 취한 사람이 물건을 팔았다고 해도 그 매매 행위는 효력이 발생한다. 술에 취한 사람이 물건을 샀더라도 그 매매 행위는 효력이 발생한다. 그리고 취한 사람이 살인을 저질렀다고 해도 그 행위는 마땅히 벌을 받는다."

교언영색을 경계하는 유대인

"좋은 약은 입에 쓰고 나쁜 약은 입에 달다"는 말이 있다. 눈과 입에는 당장 그럴듯해도 시간이 조금만 지나고 나면 추하거나 악한 모습이 그대로 드러나는 것을 빗대어 하는 말이다. 동양에도 이와 비슷한 속담이 있다. 바로 '교언영색(巧言令色)'이다. 교묘한 말과 착한 척하는 낯빛이라는 말이다. 『논어』 '학이' 편에 나오는 이야기로 공자는 "교언영색하는 자는 자신의 사리사욕을 위해 남에게 아부하는 사람이 많으므로 그들에게서 인(仁)을 찾는 것은 어려운 일이다"라고 했다. 결국 보이는 것이 다가 아니라는 말이다.

이처럼 유대인의 사고방식 속에는 우리 눈에 보이는 것과 보이지 않는 것을 구분하려는 노력들이 담겨 있다. 눈(雪)이 그 전형적인 예다. 처음에는 그토록 아름답고 온 세상이 환하게 빛나게 하지만 아침 해가 뜨면 금방 녹기 시작해 모든 추한 면을 다 드러내기 때문이다. 탈무드에서는 눈 자체가 악하다는 것이 아니라 눈으로 덮여 있는 추한 세계를 보지 못하는 인간의 미련함을 지적하는 것이다.

악한 사람들도 마찬가지다. 그들은 그럴 듯하게 우리 눈을 속이고 교묘한 말로 귀를 어지럽힌다. 하지만 시간이 지나면 그들의 잘못을 알아차리게 된다. "교언영색이야말로 가장 조심해야 할 것이며, 달콤한 귀에 익은 말은 물리쳐라"라는 탈무드의 이야기는 이러한 상황에 대한 교훈을 정확하게 전달하고 있다.

유혹의 근원을 없애는 배려의 마음

집에 자물쇠를 채우는 이유는 무엇일까? 세계인들 누구에게 물어봐도 이것은 집안의 사람이나 물건을 보호하기 위해서라고 대답할 것이다. 또는 나쁜 사람들이 함부로 다른 사람의 집안에 들어가지 못하게 하기 위해서라고 대답할 것이다. 하지만 유대인의 대답은 다르다. 그들은 견물생심을 막기 위해 자물쇠를 채운다고 말한다. 이것은 일부러 물건을 훔치거나 다른 사람을 상하게 할 의도가 없던 사람이라도 자물쇠가 달리지 않은 빈 집을 보면 갑자기 죄를 짓고 싶은 마음이 생길 수도 있으므로 자물쇠를 단다는 것이다.

유혹의 근원을 없애야 한다는 이러한 사고방식은 다른 사람에 대한 핑계로 이어지기도 한다. 당신이 잘 단속하고 관리했으면 이런 일은 없었을 것이라는 식으로 말이다. 하지만 이 상식의 반전은 유대인의 사고방식을 이해하는 데 중요한 열쇠가 된다. 내가 먼저 조심하고 절제하는 것으로 다른 사람에게 피해를 입히지 않겠다는 배려의 마음을 바탕으로 하고 있기 때문이다.

일본인이 유대인과 닮았다고 주장하는 일본인 학자들의 주장 중에는 "이 세상에 일어나지도 않을 일을 미리 염려해 배려하고 남을 위해 신경써주는 민족은 유대인과 일본인뿐이다"라는 주장도 있다. 과연 그럴까 싶지만 배려의 자세만은 배우고 익혀야 할 것이다.

악은 선에 이르는 시험대이자 도약대

이집트 탈출을 다룬 출애굽기 이야기는 유대인들의 큰 자랑거리다. 하지만 그 자랑거리에도 그들의 약점이 숨어 있다. 유대인들은 장정만 60만 명이나 되는 대집단이 당대 최고의 지상권력자 파라오의 압제를 벗어나 팔레스티나로 돌아오게 되었다. 그것도 홍해를 가르는 기적과 메마른 사막에서 물이 솟아나는 기적을 맛보면서 말이다.

하지만 광야 생활을 하는 동안 유대인들은 2가지 실수를 저지른다. 모세가 시내산에 올라 여호와로부터 십계명 돌판을 받아오는 그 동안을 참지 못하고 금송아지를 만들어 우상을 숭배한 것이다.

여호와께서 모세에게 말씀하셨습니다.

"당장 이 산에서 내려가거라. 네가 이집트 땅에서 인도해 낸 네 백
성이 끔찍한 죄를 짓고 있다. 그들은 내가 명령한 일들을 벌써부터 어

기고 있다. 그들은 스스로 금송아지를 만든 뒤 그 송아지를 섬기며 거기에 제물을 바쳤다. 백성은 '이스라엘아, 이것이 너희를 이집트에서 인도해 낸 너희 신이다' 라고 말하고 있다."

여호와께서 모세에게 말씀하셨습니다.

"나는 이 백성이 얼마나 완고한 백성인가를 보았다.

그러니 이제는 나를 말리지 마라. 나의 노여움이 너무 크므로, 나는 그들을 멸망시키겠다. 하지만 너만은 살려 두어 큰 민족을 만들어 주겠다."

쉬운성경 출애굽기 32:7-10

모세가 빌고 빌어 간신히 여호와의 진노를 가라앉혔지만, 이 일로 인해 3천 명의 백성이 죽었다. 우상숭배는 여호와가 가장 싫어하는 죄가 아니던가. 유대인들은 이후 돌이나 쇠에 아무것도 새기지 못하게 했고 그 전통은 지금까지도 전해 내려오고 있다.

광야에서 간신히 살아남은 유대 백성들은 가나안 땅으로 입성하기 직전, 12명의 정탐병을 보낸다. 하지만 돌아온 정탐병의 보고는 유대인들의 간을 철렁하게 만들었다. 정탐꾼 12명 가운데 10명은 그 땅이 과실도 풍부하고 먹을 것도 많지만 지키는 이들이 너무 강하고 큰 거인들이라 감히 쳐들어갈 수 없었다고 보고했다. 이 소식을 들은 유대인들은 모세와 여호와를 원망하며 밤새도록 통곡했다. 믿음은 없어지고 두려움만 가득해진 것이다. 그 결과 다시 여호와의 분노를 사서 20세 이상 되는 유대인 성인들은 아무도 가나안으로 들어가지 못하게 되었고, 40년간 광야를 돌며 죗값을 치르게 되었다. 그 일을 기억하며 유대인들은 이런 조상들의 죄의 결과에 대해 인정하며 자신들은 죄에 빠지지 않기를 기도한다.

그런데 악에 대한 관념에는 기독교도와 유대인들이 약간 차이를 보인다. 기독교도는 악의 충동이나 악을 가져오게 하는 원인들을 모두 악한 것으로 보는 반면, 유대인들은 이것을 때에 따라 필요악으로도 본다는 점이다. 특히 악의 충동도 여호와의 허락하에 창조된 것이며, 사람은 악과 선 가운데 하나를 선택할 수 있다고 믿는다. 물론 이런 악을 거부하고 극복해내면 여호와가 기뻐할 것이라고 믿는다. 그래서 랍비들은 '악은 선에 이르는 시험대'라거나 '선에 이르는 도약대'라고 보는 경향이 있다.

유대인들은 절대악의 개념이 희박한 편이다. 그래서 유대인들이 경건한 신앙생활을 하고 검소하며 정직하다가도, 대세를 좇는 적응론자가 되어버리기도 하고 쉽게 타협해버리는 타협주의자가 되기도 하는 것이다. 이런 특질을 이해하지 못하면 유대인을 제대로 파악할 수 없다.

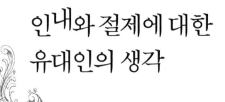

인내와 절제에 대한
유대인의 생각

- 모든 것을 마음이 좌우한다. 따라서 자신의 마음을 제어할 수 있는 인간이야말로 가장 강인한 인간이다.

- 인내심 없이는 절대 남을 가르칠 수 없다.

- 올바른 사람은 자신의 욕망을 조정하지만 그릇된 사람은 자신의 욕망에 지배당한다.

- 반성하는 자가 서 있는 땅은 가장 위대한 랍비가 서 있는 땅보다 중요하다.

- 자신의 결점에만 마음을 쓰는 사람은 남의 결점이 전혀 보이지 않는다.

- 강한 사람이란 스스로 자신을 억제할 수 있는 사람이다.

- 악마가 인간을 찾아가기가 너무 바쁠 때는 술을 대신 보낸다.
- 당신들 혀에는 뼈가 없다는 사실을 잊지 마라.
- 사람은 태어나면서부터 말하는 것을 금방 배우지만 침묵하는 법은 좀처럼 익히지 못한다.
- 거짓말을 잘하는 사람은 대단히 뛰어난 기억력을 갖지 않으면 안 된다.
- 성공의 절반은 인내에서 비롯된다.
- 세상에는 도가 지나치면 안 되는 8가지가 있다. 여행, 여자친구, 돈, 일, 술, 잠, 그리고 향료다.
- 알코올은 육체와 정신을 하나로 만든다.
- 악의 충동은 처음에는 매우 달콤하다. 그러나 그것이 끝났을 때는 대단히 쓰다.

강은지, '유대인 교육과정을 통해 본 기독교 가정교육', 침례신학대학교 신학대학원 석사학위 논문, 2006년.

김영철, 『여호와, 신실하신 우리 하나님』, 여수룬, 1986년.

김옥수, 『탈무드 메시지 1 - 세계의 석학을 만들어낸 탈무드공부법』, 동방미디어, 2004년.

레온 우드, 김의원 옮김, 『이스라엘의 역사』, 기독교문서선교회, 1999년.

마아빈 토케이어, 임대선 옮김, 『탈무드』, 동하, 1985년.

박재성, 『성경이 만든 한자』, 드림북스, 2008년.

백금산, 『아브라함과 함께 떠나는 신앙여행』, 부흥과개혁사, 2005년.

변성환, 『성경속 인물에게 배우는 28가지 성공 리더십』, 월간 조선, 2005년.

세키네 마사오, 『구약신학논문집 6』, '히브리어와 히브리적 사고', 합동신학대학원 출판부 논문, 2006년.

에른스트 빌헤름 헹스텐 베르크, 『구약신학논문집』, '욥기해석', 합동신학대학원 출판부 논문, 1979년.

에버렛 퍼거슨, 박경범 옮김, 『초대교회 배경사』, 은성, 1993년.

윤두혁 편저, 『팔레스틴 풍습 이모저모』, 기독교문사, 1973년.

이종영 해설, 『출애굽기』, 제자원 북방선교회, 1993년.

장일선, 『구약성서 시대의 역사기록』, 한국신학연구소, 1984년.

전선영, '탈무드를 통한 유대인의 인간 이해', 침례신학대학교 신학대학원
　　석사학위 논문, 1995년.

정인찬 편찬, 『성서대백과』 전집, 기독지혜사, 1979년.

제임스 L. 크렌쇼, 강성열 옮김, 『구약지혜문학의 이해』, 한국장로교출판
　　사, 1993년.

존 드레인, 이중수 옮김, 『구약이야기』, 두란노, 1985년.

지유철, 『요셉의 회상』, 홍성사, 2002년.

최명덕, 『유대인 이야기』, 두란노, 1997년.

최재호, '유대인의 전통상술에 관한 경영문화론적 연구', 경기대학교 대학
　　원 박사학위 논문, 2005년.

최창모, 『돌멩이를 먹고 사는 사람들』 1, 2권, 건국대학교 출판부, 1997년.

하용조 편찬, 『간추린 성경사전』, 두란노, 2001년.

현용수, 『유대인의 인성교육 노하우』 1,2,3권, 쉐마, 2005년.

Cleon L. Logers, 김정우 옮김, 『요세푸스』, 엠마오, 2000년.

John P. Milton, 신성종 옮김, 『히브리식 사고와 기독교』, 컨콜디아사,
　　1980년.

Marbin Tocare, 『성서의 지혜와 철학』, 서울문화사

Marbin Tocare, 加瀬英明 飜譯, 『ユダヤ5000年の敎』, 實業之日本社(日
　　本), 2004년.

柳井正, 『ユダヤ人成功者たちに密かに渡される魔法の言葉』, Steve
　　Moriyama(日本), 2009년.

이제, 당신의 행복을 꽃피우자!

내 인생이 행복해지는 긍정의 심리학

로버트 D. 아이셋 박사 지음 | 이문영 옮김 | 값 13,000원

우리는 언제나, 늘 행복한가? 혹시 좋은 일이 생길 때만 행복하다고 느끼지는 않는가? 저자 아이셋 박사는 행복은 외부에서 이벤트가 발생해 나에게 흘러들어오는 것이 아 닌, 내가 내 안에서 조절하고 만들어가는 것이라고 말한다. 이 책은 지속적인 행복을 위한 생각을 바꾸고 긍정적인 감정을 키워 좀더 행복에 다가가도록 돕는다.

이제 외로움에서 설렘으로, 불안한 당신을 위한 심리처방전!

상처받은 사람들을 위한 관계 맺기의 심리학

박대령 지음 | 값 14,000원

심리상담가인 저자는 불안이나 우울을 문제로 상담하러 오는 사람들 대부분이 관계의 고통과 스트레스에 짓눌려 있다고 말하며, 상처에서 벗어나 자신을 사랑하고 타인과 원활한 관계를 맺는 심리학적 실천 방법들을 제시하고 있다. 이 책에 나오는 수많은 사 례들 속에서 나의 문제를 발견하고 저자가 제시하는 해결법을 통해 인생의 새로운 차 원이 열릴 것이다.

나를 사랑하지 못하는 사람들의 심리학

행복을 부르는 자존감의 힘

선안남 지음 | 값 13,000원

상담심리사인 저자는 낮은 자존감 때문에 외롭고 쓸쓸하고 힘든 사람들이 자존감 회 복을 통해 세상 밖으로 당당하게 나아갈 힘을 얻기를 바라며 이 책을 집필했다. 자존감 이라는 우리 마음의 면역시스템을 탄탄하게 해줄 요소들을 이해하고, 스스로를 소중 히 여기고 사랑하는 건강한 마음의 습관들을 가질 수 있을 것이다.

우울한 현대인들을 위한 불안 처방전!

불안 버리기

최주연 지음 | 값 14,000원

사람들은 대부분 불안에 떨었던 경험이 있을 것이다. 그렇지만 그것은 그리 좋은 경험 이 아닐 것이고, 다시는 겪고 싶지 않은 경험일 수도 있다. 정신과 전문의인 저자는 불 안을 불편하지만 반드시 필요한 감정이고 고마운 정서라고 말한다. 불안을 경험하지 만 겁내거나 회피하지 않고, 적극적으로 수용하고 대처해서 극복하는 삶을 살 수 있도 록 도와준다.

중국 저작권 수출 도서

꼭 알고 싶은 심리학의 모든 것

강현식 지음 | 값 16,000원

이 책은 심리학에 대한 대중의 기대에 어느 정도 부응하면서도 가능한 학문으로서의 심리학의 입장을 많이 담아내려고 노력한 결과로 150개의 심리학 핵심개념어를 간결하면서도 통찰력 있게 풀이했다. 흥미와 재미 위주가 아닌 더욱 객관적이고 다양한 정보를 얻을 수 있는 심리학책을 원하는 사람들이나, 심리학을 전공하고자 하는 사람들이 읽어보면 좋을 책이다.

중국 · 대만 저작권 수출 도서

기대의 심리학

선안남 지음 | 값 13,000원

타인의 기대에 부응하기 위해 버겁고 힘들게 자신을 얽매고 있지 않은가? 저자는 복잡하게 얽혀 있는 마음의 문제에는 언제나 잘못되고 비현실적인 기대가 숨어 있음을 이 책에서 지적하고 있다. 우리들이 일상에서 흔히 경험하는 심리적 어려움에 대해 다양한 사회 심리학 지식과 개인적인 임상 경험을 활용해 기대에 관련된 이야기를 풀어내고 있다.

나를 알고 이해하는 21가지 방법

나는 누구인가? 나는 무엇인가?

김정수 지음 | 값 14,000원

나는 누구이고, 어떤 사람인가? 이 책은 이러한 물음들에 대한 원인과 심리학적인 처방을 담고 있다. 저자는 잃어버린 나를 찾아서 제대로 된 마음의 여행을 떠날 것을 당부한다. 마음여행의 핵심은 편협한 자아에서 벗어나 내면의 근원적인 존재인 자기를 느끼는 것이다. 자신에 대해 다시 한 번 생각하는 계기를 만들고, 자신이 몰랐던 자신을 알고 진심으로 이해할 수 있을 것이다.

마음의 감옥에서 벗어나 삶의 참 의미를 찾아라!

내 안의 부처

캘빈 말로네 지음 | 박윤정 옮김 | 값 12,000원

이 책의 저자는 부정성의 극한을 보여주는 표본 같은 감옥에서 이 감옥을 벗어날 수 있는 고귀한 가르침을 만났다. 바로 부처가 가르친 진리의 말씀들이다. 특히 말이 아니라 온몸으로 진리를 살아내려는 모습을 생생하게 보여주는 이야기들은 영혼을 움직이는 큰 힘을 발휘한다.

중국 저작권 수출 도서
괜찮아 괜찮아 괜찮을거야
선안남 지음 | 값 13,000원

이 책의 저자는 상담 현장과 일상에서 느꼈던 마음의 이야기를 심리학 지식을 바탕으로 쉽지만 깊이 있게 풀어냈다. 이 책을 통해 자신을 더 이해하고 스스로에게 진심으로 "괜찮아"라고 말하게 될 것이다. 책을 덮는 순간 당신의 마음은 "괜찮아"로 가득 찰 것이다.

심리학이 해부한 아름다움의 힘
아름다움의 권력
성영신 · 박은아 지음 | 값 15,000원

사람들은 왜 아름다워지고자 열망하며, 외모가 아름다우면 실제로 더 행복할까? 이 책은 아름다움의 가치와 영향력을 개인적 차원을 넘어 사회적 · 공적 영역으로까지 확대 · 분석했다. 아름다움의 본질과 특성에 대해 알고, 그동안 가지고 있던 아름다움에 대한 오해와 착각을 풀 수 있는 좋은 기회를 제공하는 책이다.

좋은 사람 콤플렉스를 극복하는 심리학적 처방!
좋은 사람 콤플렉스
듀크 로빈슨 지음 | 유지훈 옮김 | 값 13,000원

'좋은 사람 콤플렉스'가 발생하는 원인과 이를 해결할 수 있는 심리학적인 방안을 담은 책이다. 거절하지 못하고 착한 척 행동하는 길로는 온전한 자기 인생을 살아갈 수 없다. 이 책을 통해 내 안에 웅크리고 있는 나약한 어린아이의 실체를 똑바로 알고, 왜곡된 사고틀을 허무는 지혜를 터득할 수 있을 것이다.

오늘, 역사를 읽는 것은 미래의 비전을 위해서다!
왜 우리는 역사에 빠져드는가
이수광 지음 | 값 14,000원

팩션형 역사서의 대가인 저자는 그간 대중역사서와 역사소설을 쓰면서 나름대로 '역사란 무엇이며 왜 읽는가?'라는 의문을 갖게 되어 이 책을 쓰기 시작했다. 저자는 오늘, 역사를 읽는 것은 미래의 비전을 위해서라고 강조한다. 학문적인 접근보다는 역사에 대한 저자의 분명한 생각을 담은 대중역사서인 이 책을 통해 단순히 역사를 들여다보는 관찰자의 한계에서 벗어나 역사를 보는 자기만의 눈을 가질 수 있을 것이다.

효과만점 논증적 글쓰기 지침서!

논증하는 글쓰기의 기술

채석용 지음 | 값 14,000원

세계의 명문대학들은 학생들에게 논증적 글쓰기 교육을 철저히 시키고 있다. 이것은 논증적 글쓰기가 단순히 한 과목이 아니라 사회인으로서 반드시 익혀야 할 핵심 능력이기 때문이다. 이 책은 대학에서 논증적 글쓰기 강의를 하고 있는 저자가 그간의 경험을 바탕으로 실제 논증적 글쓰기 작업에 필요한 43가지 핵심 규칙을 선별했으며, 내 주장을 논리적으로 이끄는 힘을 기를 수 있게 해준다.

불안한 양육전쟁, 아빠가 나서라!

아이를 행복하게 만드는 아빠 양육

강현식 지음 | 값 14,000원

20세기 말부터 패러다임의 변화가 시작되면서 심리학자들은 아빠의 양육을 주목하기 시작했고 아빠의 양육 효과는 엄마에 못지않으며, 오히려 어떤 부분에서는 엄마보다 훨씬 뛰어나다는 것을 발견했다. 오랜 시간 동안 과학자들이 다양한 주제로 연구를 하면서 얻은 결과들을 통해 우리가 가지고 있는 자녀 양육에 대한 오해와 진실, 특히 아빠가 자녀에게 얼마나 큰 영향을 미치는지를 알 수 있을 것이다.

합리적으로 생각하고 글쓰고 말하기

나를 성장시키는 생각의 기술

이창후 지음 | 값 15,000원

내 생각을 주장하기 위해서는 용기가 필요하고, 이를 적절한 형식으로 표현하려면 기술이 필요하다. 저자는 올바른 생각의 기술로서 합리적 사고를 제시하고 있다. 중요한 순간이나 문제들이 있을 때 합리적 사고에 대해 알고 잘 훈련을 했다면, 더욱 합리적으로 판단을 하고 결정을 할 수 있을 것이다. 이 책은 이러한 합리적 사고에 대해 자세히 알려주고 훈련하는 방법을 제시하고 있다.

책과 소통하고, 책을 통해 세상과 소통하라!

나를 성장시키는 독서법

채석용 지음 | 값 14,000원

이 책이 제시하는 재미있는 독서법의 핵심은 다름 아닌 '소통'이다. 책과 소통하고 책을 통해 세상과 소통한다면 책 읽기는 더이상 지루한 의무가 아닌 재미난 놀이가 될 수 있다고 말한다. 독서란 책과 대화하는 능동적인 작업이며, 책을 통해 사람을 만나는 역동적인 과정이다. 책 읽기의 재미를 발견하고 마음을 성장시킬 수 있는 기회가 이 책에 담겨 있다.

글쓰기, 이제 더 이상 두렵지 않다!

누구나 쉽게 따라 하는 글쓰기 교실

배학수 지음 | 값 15,000원

글쓰기 요구는 증가하는데 글쓰기를 지도할 책이 전무한 상황에서 이 책은 쉽게 글을 쓸 수 있도록 안내한다. 철학박사인 저자는 모든 글은 에세이의 변형이므로 에세이를 공부하면 모든 글을 잘 쓸 수 있다고 말하며 독자에게 에세이 쓰기를 안내해 글을 스스로 쓸 수 있게 한다. 이 책의 초점은 에세이를 배우고 익히는 것으로, 이것을 열심히 공부하면 어떤 글도 잘 쓸 수 있게 될 것이다.

철학적 사고를 일깨우는 100개의 개념들!

철학 개념어 사전

채석용 지음 | 값 15,000원

이 책은 100개의 철학 개념어 항목들을 사전 형식으로 나열하고 독자의 편의를 위해 '가나다순 목차'와 '유형별 목차'라는 2가지 목차를 제공한다. 동양과 서양의 철학사상 가장 중요하고 핵심적인 100개의 개념어들을 생활 속 친근한 예와 풍부한 비유를 들어 철학사상의 기반이 되는 지식과 사상, 존재들에 대해 간단명료하고 명쾌하게 설명하고 있다.

우리의 미래, 윤리적 소비에 달렸다!

윤리적 소비를 말한다

켈시 팀머맨 지음 | 김지애 옮김 | 값 15,000원

세계화에 따른 제조업의 아웃소싱은 일반화되었지만, 지구촌 곳곳에서 물건을 만드는 노동자들의 삶을 알려주는 자료는 거의 없다. 저자는 세계화의 그늘에 대한 해법을 제시하는 엄격한 설교자이기보다는 세계화의 현장을 안내하는 명쾌한 여행 가이드다. 글로벌 경제 시대에 무엇을 잃었는지 궁금한 이들은 그의 탐사 여행을 통해 해답을 찾을 수 있을 것이다.

이제 공부가 아닌 행복을 위해 4B연필을 쥐어보자!

누구나 쉽게 따라 하는 인물스케치

김용일 지음 | 값 20,000원

이 책은 연필 인물화의 기초 기법부터 실전 테크닉까지 초보자를 위한 인물화 그리기의 핵심 노하우를 담았다. 이 책 한 권이면 초보자도 자신감 있게 인물화를 그릴 수 있다. 그림은 관심과 노력만으로 충분하다. 이 책을 통해 누구나 쉽게 그림을 그릴 수 있고, 그림을 그리고 난 후 그 뿌듯함이란 말로 표현할 수 없을 것이다.

좋은 사진을 찍기 위해 행동하고 고려할 것들

누구나 쉽게 이해하는 사진강의노트

김성민 지음 | 값 16,000원

이 책은 사진의 기술적인 부분보다는 작품 행위와 관련한 다양한 주제들을 다룬다. 사진의 기술서가 난무하는 디지털사진 시대에 전통사진의 가치와 의미를 언어로 풀어서 전해주며, 최고의 사진은 좋은 장비와 뛰어난 테크닉이 아니라 사진의 생활화에 있음을 알려준다. 이 책의 구성이 입문자에게는 든든한 가이드가, 중급자에게는 그동안의 작업방식을 재인식하는 계기가 될 것이다.

죽기 전에 한 번은 유럽의 미술관들을 찾아 떠나라!

잊지 못할 30일간의 유럽 예술기행

최상운 글 · 사진 | 값 16,000원

이 책에 나오는 미술관들은 감히 유럽의 수많은 미술관들 중에 가장 알찬 곳들이라고 말하고 싶다. 최고 수준을 자랑하는 미술관들은 거의 모두 다루고 있다고 해도 과언이 아니기 때문이다. 독자들이 책을 보면서 발걸음을 가볍고 여유 있게 즐거운 여행을 했으면 하며, 사진작가인 저자의 빼어난 사진을 감상하는 것도 이 책의 또 다른 별미다.

대만 저작권 수출 도서

지구별여행사진가 김원섭의 사진 잘 찍는 법

김원섭 지음 | 값 25,000원

이 책은 노출, 조리개, 초점, 렌즈 사용법 등 기본적으로 알아야 할 테크닉뿐만 아니라 빛을 보는 법, 구성하는 법, 프레이밍 하는 법, 색을 사진에 담는 법 등 사진 고수가 되기 위한 실전 노하우를 담고 있다. 실전에서 꼭 필요한 사진 기술과 500여 장의 매력적인 여행사진이 잘 어우러진 실용적이면서도 아름다운 사진책이다.

여행사진 초보자가 꼭 알아야 할 58가지 실전 TIP!

지구별여행사진가 김원섭의 여행사진 잘 찍는 법

김원섭 지음 | 값 16,000원

내셔널 지오그래픽 국제사진공모전에서 수상한 바 있는 저자는 이 책에서 여행기자와 여행사진가로 활동하면서 얻은 여행사진 잘 찍는 노하우를 공개하고 있다. 인물을 대하고, 가까이 다가가 교감하고, 결정적인 순간을 담아내는 기술 등을 빠짐없이 다루었다. 각 장마다 필요한 사항을 쉽게 찾을 수 있도록 키워드로 구성되어 활용이 극대화된 책이다.

독자 여러분의
소중한 원고를 기다립니다

하나,

원앤원북스는 독자 여러분의 소중한 원고 투고를 기다리고 있습니다. 집필을 끝냈거나 혹은 집필 중인 원고가 있으신 분은 khg0109@hanmail.net으로 원고의 간단한 기획의도와 개요, 연락처 등과 함께 보내주시면 최대한 빨리 검토한 후에 연락드리겠습니다. 머뭇거리지 마시고 언제라도 원앤원북스의 문을 두드리시면 반갑게 맞이하겠습니다.

둘,

전자책 시장의 활성화와 더불어 미국 출판시장에서 상당수의 신간이 아마존킨들 전용도서로 나오고 있습니다. 이런 시대적 흐름에 발맞추어 전자책 출간을 전문으로 하는 원앤원북스 임프린트인 'e라이브러리'를 통해 전자책 (e-book) 전용도서를 적극적으로 출간하고 있습니다. 전자책 출간을 희망하는 독자 여러분들의 활발한 원고 투고를 기대하겠습니다.